医療制度改革や経済環境の悪化、新型コロナ感染の拡大による外来患者の減少がその主たる要因です。患者さんから選ばれるためには、どういった方向性を目指すべきか？　自院が地域医療の担い手になるためには、どうすべきか？開業時に掲げた志を実現していくためには何をしなければならないのか？

開業すると否が応でも、次から次へと色々な問題が院長の身に降りかかってきます。それこそ待ったなしです。

その都度、医師として経営者として迅速かつ的確な判断が求められます。

クリニックの院長先生が抱えている問題解決のお手伝いをするため、時には担当ＦＰとして、時には院長の経営参謀としてＣＦＯ的な役割を全うしてきました。

これまで実際、約２０００名以上のドクターとお会いし、たくさんの教えや学びを得ることができました。関わらせていただいた一つひとつの経験が私の財産であり、また現在、私の会社が提供しているサービスの根幹につながっております。

特にこれまでの経験の中でクリニック経営を成功に導くために必要なノウハウを数多く蓄積することができました。

本書では、これまでに蓄積した、クリニック経営の成功に必要な4つの原則「収入管理・集患、増患」「節税対策」「資産運用」「リスク管理」を網羅的に体系化しまとめました。

この本がこれから開業されるドクターやすでに開業されている院長先生の一助になれば、これほど喜ばしいことはありません。

CHIEF
FINANCIAL
OFFICER

最小の労力で
最大の財産を生み出す

クリニック経営 4つの原則

DLSパートナー
三橋泉
Izumi Mitsuhashi

CROSSMEDIA PUBLISHING

はじめに

私は、9年前に開業医専門FP事務所を立ち上げ、現在、クリニックの院外CFO（最高財務責任者）としてパートナー税理士と一緒にクリニックが抱える問題解決のお手伝いをしております。クリニックに聞き慣れないCFOというネーミングがついたきっかけは、数年前、顧客の院長先生から、三橋さんの仕事は、FPというよりCFOだね。と言われた一言でした。

前職の保険会社時代から含めると開業医の先生方とお付き合いして約20年以上の歳月が経過しました。目の前の院長先生のお役に立ちたい。貢献したいという想いで業務に邁進してきた結果、いつの間にかFPの仕事よりCFOとしての業務が増えていきました。しかしそこにいたるまで、紆余曲折があり、辞めたいと思ったこともありました。

それでもなぜ？　私がCFOを続けてきたのか？　それは、クリニックの経営者がCFOを必要としているからです。現在の医療業界においてクリニックは、とても厳しい経営環境におかれています。

最小の労力で最大の財産を生み出す　クリニック経営４つの原則　目次

1 クリニックＣＦＯとは何か

4 もう間違えない！ 税理士選び

5 クリニック経営で成功と成長を実現するためのポイント

【タックスマネジメント編】

【インベストメント編】

1

クリニックCFOとは何か

私がクリニックCFOになったワケ

クリニックのCFOとは

あなたは「クリニックCFO」という名称を聞いて、どういう役割を担うのか、頭の中でイメージできるでしょうか?

このクリニックCFOという言葉、実は私自身も1年前までは使用していませんでした。しかし、顧客から、「三橋さんのやっていることはまさにCFOだね!」というお言葉をいただき、詳しくその理由を聞いてみたところ、まさに私がこれまで経験してきたことや、大切にしている仕事の本質と合致していると感じ、以来この呼称を用いることにしています。それと同時に、現在のほとんどのクリニックにCFOの必要性を強く感じています。

「ＣＦＯ」とは、Chief Financial Officerの略で、最高財務責任者を指します。彼らは、会社の財務戦略を策定し、お金の管理のプロフェッショナルとして活躍しています。実際、多くの中小企業やベンチャー企業では、外部からのＣＦＯが経営のサポートをしています。しかし、クリニックの世界では、このようなＣＦＯの役割を果たしている人はまだ少ないのが現状です。

保険会社で経験したこと

私は、日々クリニックの財務サポートを行う中で、ＣＦＯとしての役割がクリニック経営においてどれほど重要であるかを痛感しています。保険会社勤務を経て、9年前に開業医専門のファイナンシャルプランナー事務所を立ち上げました。以降、税理士との連携の重要性や、クリニックの先生方が抱える財務に関する問題を目の当たりにしてきました。特に、税理士との連携においては、多くの重大な課題が存在していることを感じています。

税理士との連携について目を向けるようになったのは、保険会社勤務の時代に遡ります。当時私は、医療法人をクライアントとし、院長に保険の提案をしていました。その際、医療法人側の窓口として、顧問税理士さんがプレゼンの席に出てくることがたびたびありました。そしてそういう場合、私の提案がしばしば断られていたものです。後に、その顧問税理士さんと繋がっている保険代理店と保険契約してしまった、というケースが頻繁に見受けられました。

この苦い経験から、私自身も税理士業界についてもっと詳しく知らなければならないと思い、税理士の勉強会や、税理士さんが主催するクリニックの開業支援のコミュニティに参加し、税理士業界の深い部分を努めて学ぶようにしました。

その中で、いくつか大手の税理士事務所と懇意になることができたので、それら事務所と連携を開始し、クリニックに税理士を紹介するということもはじめました。

しかし、時間が経つにつれ、紹介した税理士事務所の担当者が頻繁に交代したり、クリニックの院長と会計担当者との情報認識が希薄化していくという現象が起こりはじめました。最終的にそれが原因で、私の紹介したクリニックに税務調査が入り、追徴課税を受ける事態になってしまったのです。

この経験から、私は「税理士事務所の名前や看板よりも、信頼できる担当者との密な連携が最も重要である」と感じたのです。

ＦＰ事務所を立ち上げてからは、私は独立直後の税理士との連携を強化し、チーム体制でクリニックの先生方の財務サポートを行うようにしています。そして、法人化の支援や、資金の管理方法など、クリニック経営における財務の基盤をしっかりと築くサポートを提供しています。

クリニックＣＦＯの役割

ＣＦＯの役割は多岐にわたる

では、具体的に何をするのでしょうか？

まず、税理士がクリニックの税金の計算や決算書の作成、税務対策の提案を行います。それ以外の部分、特に資金運用や資産形成、資金管理に関しては、私がサポートします。私の専門は、ファイナンシャルプランニングです。税理士と連携し、医療法人化を進める際の財務コンサルティングや、ライフプランニングに関するアドバイスを行っています。

これは一般企業におけるＣＦＯの役割に近いと感じています。しかし、それだけに限らず、多岐にわたるご依頼や相談も受けてきました。

院長の多岐に渡る業務内容

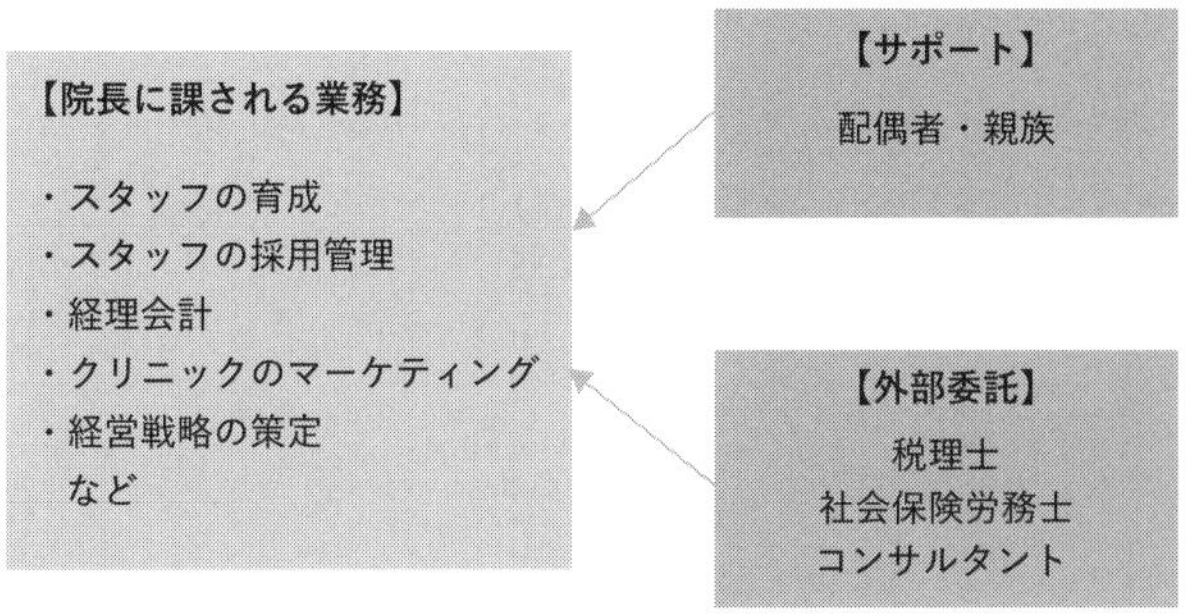

クリニックの経営は、院長がすべてを担当することが多いと思います。スタッフの育成、採用管理、経理会計、マーケティング、経営戦略の策定など、多岐にわたる業務があります。多くの場合、院長の配偶者や家族がこれをサポートする形となります。しかし、外部の専門家、例えば税理士や社会保険労務士、コンサルタントと契約しているケースも少なくありません。これらの専門家との連携は非常に重要です。なぜなら、彼らが提供するサービスが信頼できるものであるかどうかを確認することが必要だからです。

私の役割は、これらの専門家との

連携をスムーズにするための調整役や仲介役としての側面も持っています。例えば、スタッフの採用や、院長が急逝した際の後継者の確保など、さまざまな状況でのサポートを行ってきました。

また、後述しますが、クリニックの経営は、院長の個人的なライフプランと密接に関連しています。例えば、子供の学費や住宅ローンなど、個人的な資金計画に関する質問も多く寄せられます。

事業会計と個人の会計、一体で見ないとダメ

医療法人化を進めた場合、お財布は法人と個人の2つに分かれます。役員としての給与は自由に設定できるため、その額によって法人に残る資金が変わります。この給与の配分は、院長個人の資金計画、たとえば将来の子供の学費、自身の老後の資金など、ライフプランに関わってきます。

これらは、具体的にシミュレーションすることができます。何歳まで診療を続け、その後の生活資金はどのように準備するか、という点も重要です。

クリニックの経営と個人のライフプランは、実際には密接に関連しています。院長個人にとっては、クリニックと個人の両方合わせて、いかに多く資産を形成できるかが大切なのはいうまでもありません。これをバランスよく見ていくことが、成功への鍵となります。

しかし、多くの院長は、これらの相談をする相手が身近にいないと感じています。それはなぜでしょうか。税理士は基本的に、税務申告、申告書の作成、税務相談等を行います。それにより、院長個人の家計がどうなるかというところには興味はありませんし、業務領域外の話です。

一方、開業の際に役に立つ開業コンサルタントは、文字通り開業の一部始終をサポートするのが役割であって、それ以降のクリニック運営や院長の資産形成についてチェックすることはこれまた領域外です。また、多くは、開業コンサルをサービスとして行うことで、バックエンドにある医療機器、クリニックの建物の設計、施工、内装工事、医薬品、保険商品などの「本来売りたいもの」の成約につなげたいという意図を持っています。

また院長個人の家計に対し、ライフプランニングを提案してくる保険営業、ＦＰも存在します。その方々は、クリニックの運営方針や、財務対策について考慮したり、提案したりすることはしません。

それぞれが自分の領域内で、自分の知っている情報だけを元に、自分自身の役割をこなしているのが現状です。さらに、それら税理士やコンサルタントが連携するようなことはないのです。

私がこの現状に気づいたのは20年前のことです。多くの院長が、真に信頼できる相談相手を持っていないことに驚きました。

実際、ライフプランニングや資金運用に関する相談を税理士にする方は少ないです。多くの方が、保険会社や証券会社、銀行の担当者に相談してしまいます。しかし、これらの担当者は商品を売ることが主な仕事であり、必ずしもクライアントの最善の利益を考えてのアドバイスとは限りません。

それぞれの役割のみで連携がなされない３者

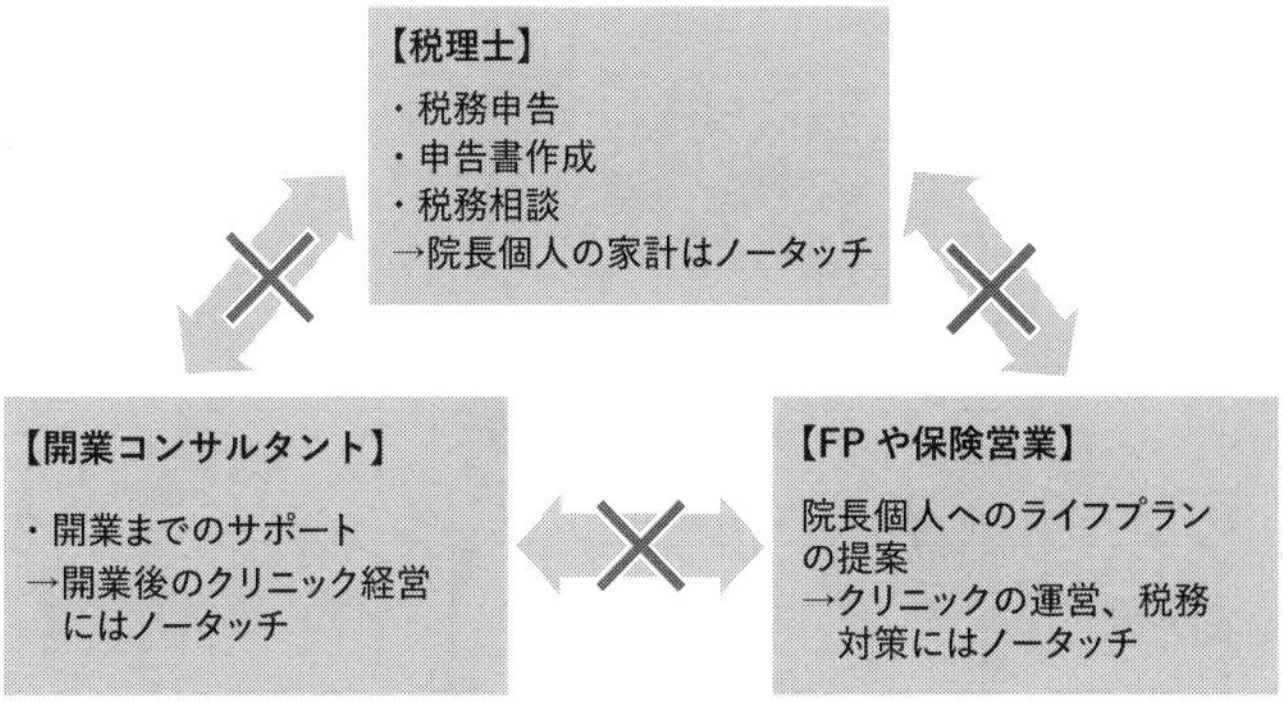

そのため、公平中立の立場で、さまざまな金融商品や保険、不動産などを熟知しているＦＰ（ファイナンシャルプランナー）と税理士との連携が不可欠です。しかし、現実には多くのＦＰが証券会社や保険会社に所属しており、自社の商品を中心に提案する傾向があります。

真にクライアントの利益を考えるＦＰは、確定申告書や決算書を基に、適切な保険や資金運用のアドバイスを行います。

クリニックとともに課題解決に向けて伴走するCFO

院長が直面する悩みと課題

開業時には、多くの院長が「理想の医療を実現したい」とか「地域のかかりつけ医として患者さんと真摯に向き合いたい」という高い志を持ってスタートします。しかし、実際に開業してみると、患者数の伸び悩みや運転資金の減少、スタッフの退職、患者からのクレームなど、予期しない問題に直面することが少なくありません。

多くの医師や歯科医師は、経営に関する知識や経験が乏しいため、開業後の困難にどう対応すれば良いのか迷うことが多いのです。身近に相談できる人がいれば、そのプレッシャーも少しは軽減されるでしょう。しかし、実際には多くの院長が孤独を感じているのが現状です。

私自身も9年前に開業医専門のFP事務所を立ち上げた際、多くの困難に直面しました。家族や友人に相談できる環境もなく、多くの夜を悩みながら過ごしました。そんな中、田坂広志氏の『人生で起こることすべて良きこと』という書籍に出会い、その中のメッセージに励まされました。彼の言葉には、逆境や困難に直面したとき、それを「良きこと」と捉え、その経験から学びを得ることの大切さが語られています。

その一説を紹介します。

人生において苦労や困難、失敗や敗北、挫折や喪失といった「逆境」に直面したとき、我々は気が動転して逆境を乗り越える、そのことよりも「なぜ、こんなことに…」といった過去への後悔「これからどうなってしまうだろう」といった未来への不安に心のエネルギーの大半を使ってしまうことがある。

しかし、出来事が起こった意味に耳をすませ「人生で起こることすべて良きこと」と思い定めると逆境に正対する力が湧き、道が必ず拓ける。そして自分の人生にとって大切な何かを学ぶことができる。

クリニックのライフステージ別課題

話が逸れてしまいました。具体的な話をすると、クリニック経営においては、そのライフステージに応じてさまざまな課題に直面します。

「開業期」には、事業計画通りの患者が来院しないことや、近隣に競合する医院が開業して患者数が減少することが考えられます。また、どれだけの広告宣伝費を集患のために投入すべきかの判断や、患者さんの満足度をどう上げるか、そして経営に関するアドバイスを求める顧問税理士が頼りにならないという問題も生じることがあります。

「成長期」に入ると、医業収入の増加に伴い税金の支払いが増えることが頭を悩ませることとなります。所得は増えても、資金繰りの不安や実際に手元に残るお金が少ないと感じることもあります。さらに、クリニックの成長を支えるためのスタッフの増員が必要となるものの、採用が思うようにいかないことや、既存のスタッフの離職が止まらないという課題も出てきます。患者さんからのクレームが増えることや、子どもの教育資金の準備といった個人的な課題も忘れてはならないポイントとなります。

「安定期」に入ると、クリニックの設備投資の更新や、さらなる拡大を目指しての分院展開、または新たな事業領域としての介護事業の展開を検討することが考えられます。また、ＭＳ法人という選択肢についての知識を深めたいと思うことや、銀行や証券会社、保険会社からのさまざまな提案に対して、どれが自分にとってベストなのかの判断が難しくなることもあるでしょう。

そして、「継承期」には、後継者の問題が最も大きな課題として浮上します。自分が引退する時期や、その後の生活のための老後資金の準備、そしてクリニックやその他の財産の相続問題といった、将来にわたる大きな決断を迫られる時期となります。

これらの課題は、クリニック経営の各ステージで必ずしも同じ順序や形で現れるわけではありませんが、多くの医師が直面する共通の問題として考えられます。

誰に相談しますか？

では、左記のような課題が起きたとして、誰に相談しますか？

クリニックを開業する際、最初のステップとして患者の集患・増患が最も重要な課題となります。この段階でうまく進行している場合、院長の税金の支払いが増えることになります。


ここで税理士に対する不満が出てくることがあります。開業期の院長は、税理士に対するニーズがまだ明確になっていないのです。実際、この段階では税理士に申告をしてもらうだけで十分と感じることが多いでしょう。なぜなら、主要な課題は「外来患者数の増加」にあるからです。

ライフステージ別のクリニックの課題

【開業期】
- 事業計画通り患者が来院しない
- 近隣に競合医院が開業し、患者数が減っている
- 集患のために広告宣伝費にどの位、投入するのが妥当か?
- 患者さんの満足度を上げたい
- 経営について顧問税理士が頼りにならない

↓

【成長期】
- 医業収入の増加に伴い税金の支払いが増えた
- 所得は増えたが手元にお金が残らない
- スタッフの採用がうまくいかない
- スタッフの離職がとまらない
- 患者さんのクレームが増えた
- 子どもの教育資金準備

↓

【安定期】
- 設備投資の更新
- 分院展開したい
- 介護事業を展開したい
- MS 法人のことを知りたい
- 銀行、証券会社、保険会社からさまざまな提案があるが何がベストかわからない

↓

【継承期】
- 後継者問題
- 引退時期及び老後資金
- 相続問題

次に、クリニックが成長期に入ると、税金に関するアドバイスが不足していると感じることが増えてきます。節税の提案がない、医療法人に関する提案がないといった不満が1年や2年、3年と経過するうちに出てくるのです。このようなミスマッチを防ぐには、その背景や、税理士の選び方についての知識が必要です。

ＣＦＯとしての立場の私から言えることは、やはり税理士が第一に重要な存在だということです。しかし、ほとんどの院長は、現状の税理士がビジネスパートナーやホームドクターとして適切に機能しているかどうかを評価する手段や方法を知りません。

その評価を行うのがＣＦＯなのです。

そうして、全体最適となる解答を導き出し、院長を取り巻くエコシステム(※)の要となって、周囲のパートナーと連携する役割を果たすのがクリニックＣＦＯなのです。

※　エコシステム…業界の枠および国境を超えて、企業同士が共存していく仕組み。系列の異なる複数の企業やライバル関係にある同業他社が手を取り合うこともあります。

なお、最近、外部から院長をサポートする仕事として事務長代行サービスができてきました。

業務としては、事務・経理、レセプト請求、求人手配、採用面談、スタッフ管理、マーケティング業務（ＨＰのコンテンツ企画、ＳＮＳ活用）、経営戦略策定等、院長が必ずしも行わなくても良い業務を請け負うことで、院長の業務負担の軽減につながるため院長が診療に専念できるようになります。

院長や事務長に苦手な分野があり、資金的に余裕がある場合、検討の価値があるかもしれません。

2

クリニックを取り巻く環境と院長に求められるスキルや知識

コロナ禍のクリニック経営

新型コロナが2020年初頭から広がり、クリニックの経営に大打撃を与えました。受療行動や生活様式の変化、予防意識の高まりにより、外来患者数を大きく減らしているクリニックも少なくありません。日常でのマスクの着用や手の消毒、3密の回避が、風邪やインフルエンザの減少につながって、内科や小児科、耳鼻咽喉科の収益に影響を及ぼしています。

患者が来院しない理由としては、以下の3点が考えられます。

①感染リスクに対する不安
②継続受診するモチベーションが低い
③感染症対策が不十分

①感染リスクに対する不安

新型コロナ感染症の感染に恐れて受診することへの不安があります。特に内科系のクリニックは、コロナ感染患者が集まる場所としてのイメージがあり、受診控えが発生してしまいました。

患者は大きく分けて、新規の患者とリピート患者の2種類です。特に新規の患者の獲得方法について考える際、多くのクリニックが直面する課題がありま す。

新規の患者は、クリニックを探す際にさまざまな方法を取ります。友人や知人からの勧め、街中の看板や電柱広告など、多くの情報ソースからクリニックを知ることができます。そして多くの場合、最終的にはクリニックのホームページで詳しい情報を確認します。

このホームページ上での情報発信が非常に重要です。特に、現代の医療環境においては、新型コロナウイルスへの対応や感染対策の情報は欠かせません。もし、クリニックがこれらの対策を十分に講じていても、それをホームページ上で明示していないと、新規の患者から見たときにその情報は伝わりません。

結果、クリニック選びの際に選ばれにくくなるのです。

さらに、最新の医療サービス、例えばオンライン診療や電話診療、WEB問診などの情報も、ホームページ上で明確に伝える必要があります。これにより、患者との接触頻度を減少させる取り組みをしていることをアピールできます。

総じて、良質なクリニック経営を目指す上で、クリニックの情報発信と、それをどうやって患者に伝えるかが非常に重要であると言えます。ホームページはその最前線に位置するため、適切な情報提供とアピールが求められます。

②継続受診するモチベーションが低い

患者が次回来院することについて、患者自身の症状や程度によっては、「良くなったから受診する必要がない」「コロナがきっかけになり、通院するのが面倒になった」と自己判断で受診を中断してしまう傾向が少なからずあります。

既存の顧客を維持し、離れていくことを防ぐためのアプローチや施策をリテンションといいます。ビジネスやマーケティングの文脈でのリテンションは、顧客が継続して製品やサービスを利用することを意味し、顧客のロイヤリティを高め、再購入やサービスの再利用を促すことを目的としています。リテンションの取り組みに成功すると、長期的な顧客関係が築かれ、企業の収益と成長が安定します。

クリニック経営において、新患獲得よりも断然重要となるのが、このリテンションマーケティングです。これについては、第5章で詳しく解説します。

③感染症対策が不十分

3つめは①と似ていますが、意味合いは少し違います。

コロナ感染症の拡大により、感染症対策を徹底しているクリニックは、感染症が疑わしい患者を誘導したり、出入り口を別々にし、動線を分けたり、待合室の密を避けるため予約システムの導入やオンライン診療や電話診療、WEB問診等、接触頻度を減らす仕組みを構築しています。

しかし、感染症対策が不十分だったり、オンライン診療や電話診療に消極的なクリニックは、それをきっかけにコロナ前から来院している患者が感染リスクを恐れて受診を控えたり、予防意識の高い新規の患者の獲得が困難となっています。

ある患者が、自らが信頼しているかかりつけのクリニックを利用していた時、突如としてコロナの危機が訪れました。この患者は、多くの事情を背負いつつ、今もそのクリニックに通いたいと心から願っています。

しかし、そのクリニックがコロナに対する適切な対策を講じていない場合、彼らはとても不安を感じ、通院することをためらうかもしれません。ここで、この患者を引き止めるには、前述の感染対策がしっかりと行われているか、そして最新のデジタル技術を活用した医療サービスへの対応があるか、などの点が影響してきます。

①～③に対する対策

こうした状況に応じた対策を実行する前に、確認しなければならないのは、真の原因究明です。

コロナ感染症の影響で受診控えが生じているのか？　それとも別な理由なのか？　また、新患率が低下しているのか？　再診率が低下しているのか？（継続受診している患者が中断しているのか？）というさまざまな視点からの分析が必要です。

都市部の診療圏の場合、会社に勤めるサラリーマンやＯＬ層の来院が多かったクリニックでは、テレワークなどの在宅勤務が増加したことにより、勤務先近くのクリニックに通院することが困難になってしまったという生活様式の変化が原因というケースも考えられるでしょう。

①～③に共通して言えることですが、感染リスクの不安を取り除く必要があることは確実です。そのためには、オンラインや電話診療、非接触で診察を受けやすい方法の採用や待ち時間対策として予約システムの導入等、感染症対策に対する自院の取り組み等をＨＰやＳＮＳを通じてわかりやすく情報発信し、安心して受診できるクリニックをアピールすることが重要です。

たとえば②は、症状が安定していて、体調が良好であれば、患者自身の自己判断のもと途中で受診を中断していることが考えられます。

その対策として予約システムを導入して次回の予約を取ること、また、途中で診療が中断することによって生じる患者の不利益を丁寧に説明し、再受診を促す必要があります。

一方、クリニック内部の構えとしては、内部留保資金の確保を考えなければなりません。

2020年春以降、コロナの影響で大半のクリニックは、減収に見舞われました。多くのクリニックが新型コロナ関連の支援制度を活用し事業資金を確保したのは、記憶に新しいことと思います。クリニックの経営構造は基本的には固定費中心ですから、減らない費用と減少する収益という、これまでにない状況に直面したクリニックも多かったのではないでしょうか。

まだまだ新型コロナ感染症の終わりが見えない中、資金繰り計画を月次の損益報告書をもとに作成し、現預金にどの程度余裕があるのかを考える必要があります。

2020年春以降の減収割合をベースにシミュレーションを行い、もし不足が予想される場合は、適正な資金を確保できるよう財務構造（経費）、今後の設備投資計画の見直しや場合によっては、資金調達を検討する必要が高まっています。

新型コロナ感染症が病院やクリニックの外来診療の在り方を大きく変えることになりました。前述した対策は、優秀な院長であれば当たり前にやっていることも多いものですが、アフターコロナの時代、感染症対策を行いながら、医療の質を維持し、経営の効率化を図るとともに、患者満足度の向上を目指していかなければなりません。

クリニックの倒産率と有利性

他業界と比較するとクリニックは倒産しづらい

コロナ禍における現状をご説明しましたが、私がここでお伝えしたいのは、そういう状況でも、クリニック業界の実情を冷静に見つめ直してほしいということです。

次のような帝国データバンクのデータがあります。

２０２１年度の医療機関の倒産件数は、前年比１・８培に急増していますがその数はわずか33件。

他業界の倒産件数は、６０１５件（前年比　マイナス23％）。

全体に対して医療業界の倒産率は、０・０１８％ 他業界の倒産率は、０・

16%。

このように他業界は、医療業界の約10倍も倒産率が高いと言えます。

つまり、他業界と比べると医療業界というのは著しく倒産率が低いと言えるのです。

なぜ医療機関の倒産率が低いのかというと、開業時の資金調達の容易性が挙げられます。

1つは、医師の社会的信用の高さから、資金調達先（日本政策金融公庫、独立行政法人医療福祉機構、民間金融機関）の選択肢が用意されているという点に加え、もう1つは、日本独自の国民皆保険制度にあります。ご承知の通り、医療サービスを保険証1枚あれば、どこの医療機関でも自己負担10%〜30%で受診でき、保険診療の自己負担分以外については、2か月後、確実に審査支払機関から支払われます。

資金繰りに窮しにくく、そして顧客からお金をもらいやすく、未払いが発生しづらい「事業」と考えた時、他業界と比べれば非常にやりやすい環境が整っていると言えます。

無闇に不安にならないように

このように倒産しづらい業界環境であるにもかかわらず、巷には院長の不安を煽るような書籍が氾濫しています。なぜなら、そういう書籍の著者は本を読んでもらい、自社の商品やサービス等の受注に繋げたいと思っている士業やコンサルタントが多いからとも言えます。

私は、前述の環境特性をみれば、必要以上に不安視する必要はないと考えます。それはアフターコロナにおいても同様です。曖昧な不安を抱いたままやみくもに外部のコンサル等に相談するのではなく、数値をもとに、何が必要で、何が必要ではないのか、冷静に対処することが大切です。

院長がクリニックで果たすべき役割

スーパーマン院長は、全体の数パーセント

クリニックの経営者として求められる能力は幅広く、一つひとつがその経営の成功の鍵となります。

最初に挙げられるのが、決断力と判断力です。日常の運営から突発的な問題まで、さまざまな局面での迅速かつ正確な決断が求められます。次に、先見力。未来の医療業界の動向や患者ニーズを予測し、それに対応した戦略を立てる能力が不可欠です。

そして、自己変革力。医療界は日々進化しており、新しい情報や技術、治療法が常に出てきます。自らを変革し、新しい知識や技術を取り入れる柔軟性は経営者として欠かせません。

続いて実行力。考えただけでなく、それを具体的な行動に移せる力が求められます。計画やアイデアは、実行されなければ意味をなさないからです。

洞察力もまた重要な能力の一つです。患者の声やスタッフの意見、市場の動きを的確に捉え、それを経営に活かすセンスは、クリニックを成功へと導きます。また、人材活用力。資質や能力を持つスタッフを適切なポジションに配置し、最大限にその能力を引き出すことで、クリニック全体のパフォーマンスを向上させることができます。

最後に、コミュニケーション力。スタッフや患者、そして関連する多くの人々との関係を築き、円滑に情報を共有し合う能力は、経営の土台となるものです。

こうした多岐にわたる能力を持ち合わせ、経営者、管理者、医師の三つの役割を全てこなしているスーパーマンのような院長もいることは事実です。特にコロナ禍のような困難な時期に、適切に対応して経営を安定させている医師は、経営者としての資質やセンスを生まれながらにして持っているのかもしれません。

しかしながら、全てを完璧にこなす院長は実は少数派だといえます。開業医全体の中でそのような院長は数パーセントに過ぎません。多くの医師は、一部の能力や役割に長けている一方で、他の部分ではサポートや助言を必要としています。これは決してネガティブなことではなく、当たり前のことです。

院長は、「医師業務」以外にリソースを割きすぎている

開業して間もない多くの院長は、診療に専念したいと心から願っていますが、クリニックの経営や管理といった役割も自身で担わざるを得ません。

毎日、経営に関連するさまざまな問題や業務が待ち受けており、それらの業務が増え続けることにより、院長自身が疲弊してしまうケースも珍しくありません。その結果、自身のクリニックをどのように成長・発展させるかの戦略や方針について深く考える余裕がなくなってしまうことが少なくありません。

しかし、ここで問いかけたいのは、全ての開業医が経営に関する知識やスキルを網羅する必要があるのか、という疑問です。確かに、クリニックの「経営者」としての役割は重要ですが、それが全てではありません。

私の知るある院長は、診療以外の業務に関しては全て事務長に委ねています。このクリニックは、地域で最も患者数が多いという繁盛ぶりを誇っており、院長自身が診療以外の業務を一切行わないにもかかわらず、非常に成功しているのです。それはなぜかと言えば、院長は診療以外の業務が得意でないことを自覚し、その部分を他の職員や外部業者に頼っているからです。この姿勢が、診療に対する信頼を高めるとともに、職員や外部業者との関係を深化させ、クリニック全体の協力体制を築くことに成功しているのです。

このエピソードから学べることは、院長自身が全ての業務をこなす必要はないということ。むしろ、自分の得意分野や役割を理解し、それ以外の部分は適切な人材や専門家に委ねることで、クリニックの経営も円滑に進めることができるのです。

医師としての強みを活かす

経営者・管理者・医師の三つの役割の中で、最も重要な仕事を一つ挙げるとするとに何でしょうか？　それは、医師としての仕事です。患者に真摯に寄り添い、培った医学的知識と技術で彼らの健康を支えることが最も価値ある業務と言えるでしょう。

院長としての時間は限られています。この限りある時間を、得意とする分野、すなわち診療に集中させることが、最も効果的な経営戦略となります。診療以外の業務が苦手、もしくはやりたくない場合、それらのタスクはスタッフや事務長に委ね、必要に応じて外部にアウトソースすることも視野に入れるべきです。

小規模な組織やスタートアップの段階では、経営者が多岐にわたる業務を一人で担いがちです。しかし、そうした状況下でも、本当に自分がやるべき仕事を明確にすることが大切です。

例えば、弊社では、私がやるべきこととそうでないことを明確にしています。事務所を設立した頃から、私自身が行うべきだと感じる核心的な業務と、アウトソースすべき業務を明確にリストアップしました。これにより、本当に集中すべきタスクがはっきりと見えるようになったのです。

私の場合、私自身経営者としてやることは、経営戦略策定に必要な情報収集及び分析、経営戦略（ビジネスモデル）、経営戦術（マーケティングプラン、サービスメニューの開発）の立案、重要な商談（担当者）同行、顧客開拓、セミナー登壇等。

やらないことは、お客様のアポ取り、提案書、資料作成、HPへの出稿と更新、経理・会計等、それ以外の雑務。

自分にとって苦手で不得意なことは、一切やりません。自分がやるべきことは、徹底してやる。やらないことは、徹底してやらないと心がけています。

弊社は「ドクターの時間と利益を創り出す」という理念を掲げています。これを高いレベルで実現するためには、ドクターの抱えている悩みに、どのように応えれば良いのか？　お金のプロフェッショナルとして、どのようなサービスを提供すれば、満足していただけるのか？　そこに集中することが、弊社のビジョン（具体的には、お金のプロフェッショナルとしてクリニックの利益の最大化、院長のライフプラン・ファイナンシャルゴール達成に貢献すること）

実現への最短の近道と考えているのです。

開業されているドクターは、これまで、医師としてのキャリアの中で医師として求められる能力を身に付けるためにさまざまな経験を積み自己研鑽を重ねてこられてきたと思います。

それがまさに医師としての強みです。

特にご自身の専門分野で培われた医学知識や医療技術が他の開業医と差別化できる要素に他なりません。つまり、それぞれの専門領域での能力を磨きつづけることが医療の質を上げ、結果的に患者満足度の向上につながるのです。

医師としての強みを磨いていくことが開業時に掲げたビジョン「あるべき姿」実現の近道ではないでしょうか。

多くの院長は、どのような選択をするべきか？

私は医師ではありませんが、前職時代からこれまで約2000件以上のクリニックを訪問し、間近に観察させていただいた感想から申し上げると、クリニック経営に正解はないということです。

例えば、院長がカリスマ的な医師で強烈なリーダーシップを発揮し、スタッフ活用が絶妙な院長もいれば、診療以外の業務全てを事務長やスタッフに任せ組織が一つのチームとして機能しているクリニックもあります。

ここで私が約8年前から、お付き合いしているクリニックの事例をご紹介します。

千葉市で内科・脳神経外科・漢方内科を標榜しているらいむらクリニックさんです。

当クリニックは、現在、來村昌紀院長と奥様の2人でクリニックを運営しています。

開業時、6人のスタッフでスタートしましたが、さまざまな事情でスタッフが辞め、その都度、採用したスタッフも定着せず、現在は、スタッフを雇わないで院長と奥様（事務長）の2人のみで診療体制を確立しています。

そのため、経営の効率化、省力化を徹底しています。24時間対応のオンライン予約システムの導入、患者からの問い合わせは電話自動応答サービスで対応、マイナンバーカード対応の顔認証装置やＷＥＢ問診を利用した受付、会計は、ＰＯＳレジや自動釣銭機を利用しています。

集患対策については、LINE、インスタグラム、YouTubeを活用し積極的に情報発信しています。YouTubeは、患者に対する説明ツールとして活用しており、帰り際にその患者に関係する疾患や症状についてわかりやすく解説した動画（ＱＲコード）を掲載したチラシを手渡すなどして、患者の待ち時間短縮と診察時間短縮に役立てています。

肝心の医業収入ですが、人を雇っていた時と比べてほぼ変わっておらず、人件費がかかっていませんので、その結果、粗利益が40％から60％に向上しています。

「ドクター、スタッフが元気で心身ともに余裕がないと良い医療を提供できない」という理念のもと、年間約１５０日の休診日を設け、80％の余裕を持った力で仕事をし、患者に満足していただける医療を提供することをモットーとしています。

この來村先生の理念は、あきば伝統医学クリニックの秋葉哲生先生のもとでアルバイトをしていた時、「医者というのは、100%の力で仕事をしてはいけない。80%くらいの力で仕事をしなければならない。残りの20%で進歩を続ける医療現場についての勉強にあてたり、家族との時間や、あるいはリラックスできる時間を作ったりして、自分の体調を心身ともにいい状態に保っておかなければならない」という教えからくるものだそうです。

らいむらクリニックのように全く人を雇わないでクリニックを運営するのは、診療科目や個々のドクターの目指す医療によっては模倣が難しいかと思いますが、人が必ずしもやらなくても良い業務はＩＴ化し無駄な時間や労力を削減するという点では、大いに参考になると思います。

コロナ以降、先行き不透明な時代において、これから開業を志すドクターが、なるべくローコストでクリニックを運営したい、投資を抑えたい、スタッフのことで悩みたくない等、ミニマムな開業つまりコストリーダーシップ経営を目指すのであれば、らいむらクリニックは、非常に参考になると思います。

これは一例ですが、成功している経営スタイルは、千差万別です。

大切なことは、自分に合った経営スタイルを選択することです。コロナ以降でも、医師としてやるべき本質は、変わらないと思います。

そのためには、ご自身の自己分析（自分のリソースの棚卸し、適性、価値観）を行い、何が得意で何が不得意なのか？　やりたいこと、やりたくないこと、を決め、クリニックの経営方針を決定し、経営資源（人、物、金）の最適配分を行うことがクリニック経営成功への足がかりとなります。

院長の肩代わりができるスタッフの見つけ方・育て方

事務長の存在が必要不可欠

ミニマムな運営で成功している事例をご紹介しましたが、とはいえ、院長一人では、クリニックを運営することはできません。

今後、経営環境が厳しくなることが予想される中、従来のルーチン業務に加え、経営戦略やマーケティング計画の立案、スタッフのマネジメント等、そういった経営者、管理者としての仕事を担う事務長の存在が必要不可欠となります。

開業を迎えると、これまでの勤務医としての経験とは異なる役割が求められることになります。経営者、管理者としての役割が追加されるわけですが、これらの役割に関するトレーニングを受けた経験がない院長の多くは、新しい業務の多さや複雑さに戸惑うこともあると思います。その結果、真に専念すべき診療がおろそかになってしまう恐れもあります。

ここで事務長の役割が非常に大切になります。事務長の主要なタスクは、院長が診療に専念できる環境をしっかりと整えること。そして、開業当初に院長が掲げた経営理念や実現したいビジョンを、経営の面からしっかりとサポートすることです。

事務長の業務内容は、それぞれの事務長がクリニックに関われる時間や能力によって異なりますが、まず事務長の業務範囲や権限を決める必要があります。

一般的には、下記の業務が考えられます。

経理・会計：診療報酬請求、経費計算

人事労務：給与計算、勤怠管理、入職・退職手続き、社会保険手続き、人事考課

採用：求人媒体の決定、書類選考、面接
育成：入職時の就業規則の説明、教育・研修
広報宣伝：院内掲示、ＨＰの構築、運用、ＳＮＳの発信
経営企画：患者分析、経営戦略の立案

事務長がどの業務を担うのかを明確にし、対応できない業務がある場合は、スタッフ１人ひとりの性格や強みを見極め、スタッフに業務を割り振ることができるか否かを検討する必要があります。また院内で対応できない業務は、外部（税理士、社労士、コンサルタント）にアウトソースすることも検討します。

最近では、事務長代行サービスを請け負っている会社も増えてきましたので、資金の余裕がある場合、選択肢の一つとして検討する価値があります。

事務長の候補として、一般的には院長の配偶者や兄弟、両親等の親族が考えられますが、親族で事務長職を担える人材がいないケースや、特に分院展開や介護事業を考えているクリニックの場合、最近、事務長を採用するクリニックが増えてきました。

事務長を採用する際の留意点

院長がクリニックで事務長の採用を検討しても、「すぐ辞めてしまう」「期待通りの働きをしてくれない」等ふさわしい人材の獲得ができないケースが見受けられます。では採用をどのように考えればいいのでしょうか。

まずやるべきことは、クリニックに出入りしている業者（製薬メーカーのMR、医薬品卸会社のMS、医療機器ディーラーの営業社員、リース会社、検査会社の営業社員等）の中から、人となりがわかっていて、信頼できそうな方に声をかけるところから始めてみるのも一つです。ただし、現役で働き盛りの社員は、なかなか待遇面で折り合いがつかないケースが多く、むしろ定年に近い方がねらい目です。なぜならば、多くの民間企業で60歳定年制があり、65歳までの再雇用となる場合には給与が大きく下がる傾向があるため、再就職を考える方も少なくないからです。

既存の業者関係者から適切な人材を見つけることができない場合は、一般公募を検討しましょう。ただ、公募の場合、応募者の本当の実力や性格を面談だけで判断するのは難しいので、慎重に選考することが求められます。

事務長採用時に確認したいポイント

事務長を採用するにあたって、以下のような点が選考の条件となるでしょう。

・実務経験
・知識
・ＩＴスキル
・社会性
・人間性
・コミュニケーション能力

医業経営における民間資格（医業経営コンサルタント、医療経営士等）もありますが、資格を保有していても医療業界の知識が一定程度あるだけで、クリニックの事務長としての実務能力とは、全く関係ありません。医療業界の経験がある方ですと、事務長職に慣れるのに時間を要さないというメリットもありますが、必ずしも医療業界の経験は必要ないと感じます。

前職でのキャリアの中で経理・会計、マネジメント、人材育成、マーケティング、経営企画等の知識や経験がある方なら、医療業界の経験がなくても事務長職として力を発揮できると思います。

ただ、実務経験も大事ですが、それよりも、その人のパーソナリティやマインド、考え方等が社会人として共感できる人物を選ぶことが重要です。

事務長として求められる特定の資格は存在しないものの、それ以上にクリニック経営において外部の環境変化への適応が必須となっています。最近では、特にコロナ以降、経営戦略の見直しやスタッフの配置、経費の削減、そしてデジタル化など、経営を効率化するための多岐にわたる課題が浮上しています。これらの変化に迅速かつ適切に対応できる能力は、事務長に求められる大きな役割となります。

しかし、こうした能力をすべて備えた人材を採用するのは、現実的には、待遇面などの制約から難しいことでしょう。高望みしても、かなわないのであれば意味がありません。

そこで、採用時に最も重視すべきは、意欲と人間性です。やる気があり、信頼性の高い人物を選び、その後クリニック内でじっくりと育成していくアプローチが、長期的には最も効果的な経営戦略と言えるでしょう。

3

顧問税理士のミスリード事例

税理士選定はクリニック経営の未来を担う重要ポイント

クリニック経営の舞台裏には、医療の専門性だけでなく、経営の知識や税務の理解が求められます。なかでも、顧問税理士の選定は、クリニックの運営における最も重要な決定の一つと言えるでしょう。しかし、適切な顧問税理士を選べない、あるいは顧問税理士のアドバイスに盲目的に従うことは、クリニックの未来を暗くする可能性があります。

この章では、顧問税理士のミスにより、クリニックが取り返しのつかない結果に直面した事例を取り上げます。これらの事例は、経営者としての判断の重要性を示すものであり、読者の皆様にとって警鐘となることでしょう。

ケース❶
医療法人化しておけば事業承継が可能だったかもしれない

院長	60代
開業年数	15年
診療科目	産婦人科（有床診療所　19床）
診療形態	土地（定期借地権）建物（自己所有）
医業収入	約3億円
院長の所得	約8000万円
家族構成	妻と子ども3人

10年以上前、私が保険会社に勤務していた時に経験したケースです。産婦人科医院を開業されている院長と、保険の取引を通じてのお付き合いがありました。ある日、その院長から税金に関する相談を受けました。そのクリニックの医業収入は約3億円で、所得は約8000万円だったのですが、税金の負担が大きいとのことでした。

そこで、私は「医療法人化」を提案しました。医療法人化すれば、税金の負担を軽減できる可能性があると考えたからです。具体的には、院長の所得が8000万円という大きな金額が1人に集中している状態を、奥様や医療法人に分けることで、税金の負担を分散させることができると考えました。私の計算によれば、役員報酬の額によっては300万~500万円程度は節税できるのではないかと思われました。

しかし、院長からは、医療法人化に対して前向きな意見は得られませんでした。顧問税理士から好ましい回答を得られなかったとのことです。それから1年後のある日、私は院長から連絡を受けました。院長は食道がんと診断され、入院することになったとのことでした。残念ながら、その診断から約1年後に先生は亡くなられました。その結果、産婦人科医院は廃院となってしまいました。

このクリニックの問題点として次のようなことがあります。
院長には3人の息子さんがおり、全員が医師の道を選んでいました。長男は勤務医、次男は研修医、三男は医学部に在籍していました。三人とも、将来、開業医になる可能性も大いにあったのです。

同時にこのクリニックは産婦人科医院で、19床のベッドを持っていました。医療法により、20床以上の場合は病院として扱われるため、それ未満の19床で運営されているのです。

大きな問題なのは、このクリニックは医療法人ではなく個人事業主としての運営であったため、将来的に子供たちがクリニックを継承する場合、一度廃院として閉鎖し、再度開設の申請をしなければならないという懸念があったことです。さらに、ベッドがあるクリニックや病院の場合、都道府県の許可が必要となります。このような手続きは、時間とコストがかかるだけでなく、再開設の許可が下りないリスクも伴います。

医療法人化を選択していれば、このような問題は回避できたかもしれません。医療法人としての運営では、開設者が法人となるため、役員や社員（医療法人の構成員）の入れ替えだけで運営を継続することが可能です。

このクリニックの場合、院長が亡くなった後も、奥様が一時的に理事長として運営を継続し、将来的には息子たちが継承することが考えられました（理事長は医師であることが原則ですが、子息が勤務医、研修医または医大に通っているなどの場合は例外が認められることがあります）。

医療法人化の案を却下したその顧問税理士さんは、おそらく医療業界に詳しくない方だったのだろうと思います。少しでも詳しい税理士さんであれば、そのあたりの将来のリスクも見越して医療法人化を進めていたはずなのです。

ケース❷

医療法人化が早すぎた

院長年齢　40代
開業約2年半後に法人化
診療科目　整形外科
診療形態　戸建て開業（自己所有）
医業収入　約9000万円

（法人設立前）
・医業収入　約9000万円
・院長の所得　約3000万円
・専従者給与　約600万円
・借入金残高　約9000万円
　毎年の返済額
　開業から4年間　約1100万円
　5年～12年目　約600万円
・年間リース料　約560万円

（法人設立後）
・理事長報酬　約月２５０万円
・賃料・地代　約月60万円
・理事報酬　約月90万円
・法人保険の保険料　年間約３００万円
・法人所得　約２５０万円

医療法人化のタイミングは、クリニックの経営にとって非常に重要な要素となります。ここで取り上げる事例は、法人化が早すぎたというケースです。

このケースは、医療専門とされる税理士事務所のアドバイスにより、開業直後に医療法人化を行ったクリニックです。しかし、このクリニックは資金繰りに大きな問題を抱えていました。具体的には、毎月の返済額が非常に大きく、年間で１１００万円の返済が必要でした。

このクリニックの特徴として、土地は院長のお父さんの実家のものを使用しており、建物は自己所有であったことが挙げられます。この建物の建設には相当な費用がかかっており、それが大きな返済額の原因となっていました。

さらに、院長の家族の生活費も高額で、都内に住んでいるため、2人の子どもを私立の中高一貫校に通わせる学費もかかっていました。これにより、生活費は月に約200万円となり、返済額と合わせると月に約300万円の出費が発生していました。

生活費や返済額を賄うために、院長は役員報酬として月250万円を取得しており、さらに奥様も役員として報酬を受け取っていました。さらに、法人側では年間300万円もの生命保険を契約していました。そのため、資金繰りに苦慮していたのです。

この対策として、法人の財務を圧迫していた生命保険を解約し、コストの安い短期の定期保険に再加入し、法人にお金がないため、万が一の場合に備えて運転資金としてメインバンクから1500万円を借入れするという手立てで乗り切りました。

ここで問題なのは、資金繰りがまだきびしい開業初期時に、早まって医療法人化したことです。

個人所有の戸建てで開業する場合、土地や建物は、法人化しても個人名義で所有され、法人に個人が賃貸する、という形をとることが多いです。そのため、これらの資産に関する借入れがある場合、返済は個人が行わなければなりません。したがって賃料や役員報酬は高めに設定されることになります。賃料や役員報酬を高く設定すると、法人の利益が減少し、結果として法人に資金が残らなくなります。

医療法人化の最大のメリットは所得分散できるところにあります。医療法人だと、所得税率は個人の半分ほどになります。これを利用し、医療法人と院長と奥様の3つで所得をうまく分けることで節税効果を働かせることができるのです。したがって、このケースのような状況での医療法人化は、そもそもの目的を損なうものとなります。

結論を言うと、7年目を目処に法人化することを検討しても良かったと思われます。5年目から借入金の返済も年間500万円ほど減り、7年目以降リース料も減ることから資金繰りも楽になるからです。

また、売上をあと1000万~2000万円上げる努力をすれば、法人に残るお金も確保できるようになるでしょう。

税理士事務所が早期の医療法人化を勧める背景には、その事務所の収益向上が関わっています。具体的には、医療法人の設立に伴う費用や顧問料の増加、さらには生命保険の手数料などが、税理士事務所の収益源として考えられます。特に医療専門の事務所の場合、これらの収益を追求するために、医療法人化を積極的に提案する傾向が見られるのです。しかし、このような事務所のアドバイスをそのまま受け入れてはいけません。

まずは、院長自身が医療法人に関する基本的な知識を持つことが求められます。正しい知識を持つことで、事務所の提案が自分のクリニックにとって本当に適切なのかを判断することができるようになります。

さらに、医療法人化を検討する際には、シミュレーションの結果をセカンドオピニオンとして他の専門家にも確認することが重要です。これにより、より客観的な視点からの判断が可能となり、後悔のない選択をする手助けとなるでしょう。

ケース❸

医療法人化が遅すぎた

院長年齢	40代
開業年数	10年
診療科目	眼科
診療形態	テナント
家族構成	妻と子ども3人
医業収入	約2億5000万円
院長の所得	約7000万円
専従者給与	約720万円

継承開業のクリニックの事例は非常に多く、特に親から子へのクリニック継承は典型的なケースとしてよく見られます。この事例は、順調に患者数が増加していけば、大幅な医業収入が見込めます。

クリニックを継承する場合、親の代からの顧問税理士との関係が続いていることがよくあります。当院も、息子がクリニックを引き継いだ後も、古くからの顧問税理士が引き続き関与し続けていました。父親の代からの義理もあって、その顧問税理士を代えることもできず、そしてその顧問税理士が法人化に反対で、ずっと個人で続けていました。

個人で7000万円もの所得となれば、税率も相当なものになります。なぜ医療法人化しないのか不思議でしょうがないと私は訴えてきましたが、前述のような縁があり、無下に交代できないとのことでした。

その後、お父様が亡くなったことを機に顧問税理士を交代し、医療法人化したのですが、もっと早くしておけば、と悔やまれます。もし早期に医療法人化を進めていれば、年間で400万~500万円、トータルで2000万円程度の節税が可能だったと考えられます。

ケース❹

MS法人を設立したが、結果的に損失が発生した

院長年齢　50代
開業年数　約5年
診療科目　内科
診療形態　土地（定期借地権）建物（自己所有）
医業収入　約2億5000万円
MS法人設立　約3年
家族構成　妻　子ども2人

（状況）
MS法人の経営状態
・売上　約5000万円
・代表者　院長の妻
・役員報酬　0円
・法人契約の生命保険料　年間約400万円
・MS法人の税引き前利益　約800万円

・MS法人所有　役員社宅として都内の億ション

MS法人、正式にはメディカルサービス法人は、医療法人でなくてはできない業務以外の医療系のサービスを展開する法人として存在します。医療法人は、基本的に営利活動を行うことができないため、クリニックの運営において柔軟性を持たせるためにMS法人が利用されることが多いのです。

具体的には、クリニックの間接部門のスタッフ、例えば受付や事務の職員をMS法人に移籍させることが一般的です。これにより、診療部門と経営部門が明確に分けられ、経営部門の業務をMS法人が担当する形となります。医療法人は、MS法人に業務委託料として支払いを行い、MS法人はその中からスタッフの人件費を支払う仕組みです。この際、医療法人からの支払いは上乗せされることが多く、例えば医療法人は120%の業務委託料を支払い、MS法人はそのうちの100%を人件費として支払う、というような形を取ります。この差額、つまり20%がMS法人の利益となります。

MS 法人とは？

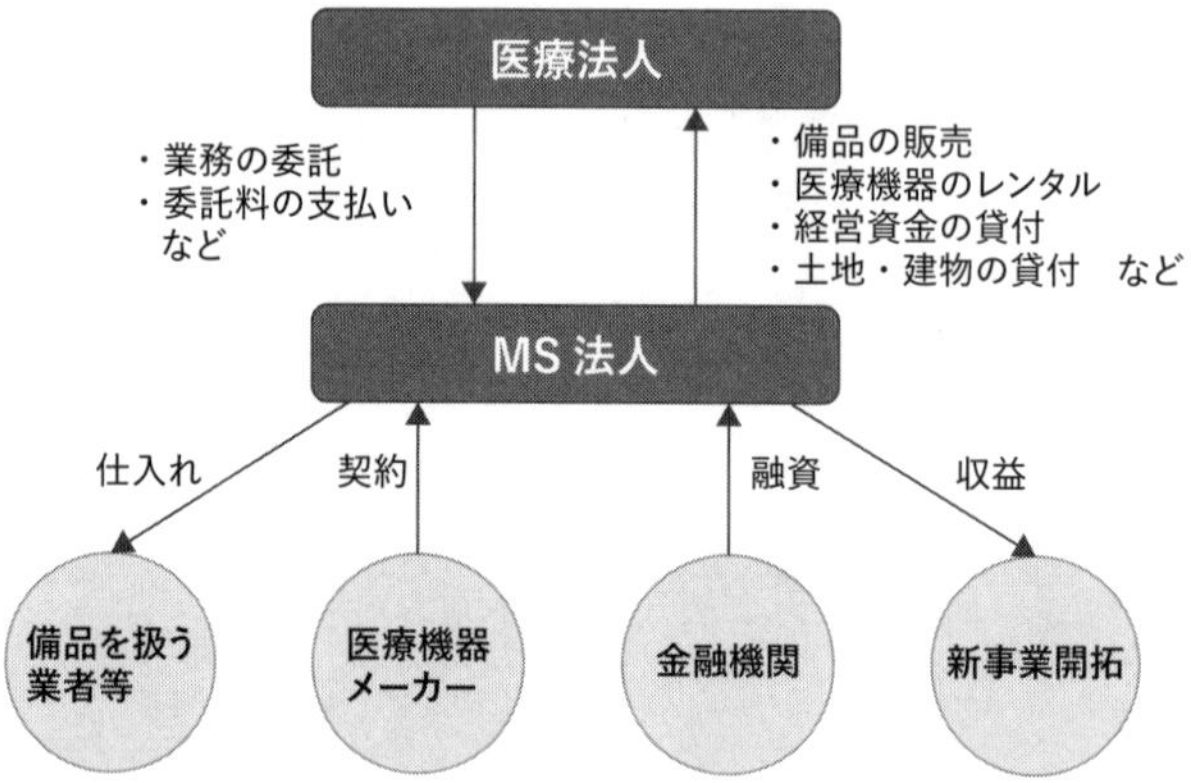

このような仕組みを取り入れる理由の一つとして、所得の分散が挙げられます。さらに、ＭＳ法人の役員として親族を配置することで、給与として分配することが可能となり、さらなる所得分散や税務上のメリットを享受することができます。

ＭＳ法人の活動範囲はこれだけに留まりません。健康食品やサプリメントの販売、医療機器の購入やリース、さらには不動産賃貸など、多岐にわたるビジネスが可能です。

特に、医療法人が直接行うことができない不動産賃貸は、ＭＳ法人を通じて行うことが一般的です。例として、院長が所有する建物をＭＳ

法人に売却し、その後、医療法人がMS法人から建物を賃借する形が取られることが多いです。この背景には、相続対策としての資産の移動や、所得の分散を目的とした動きがあります。

また、MS法人の株主構成を、ご子息にすることで、相続税対策にもなります。

本ケースは、これらMS法人のメリットを活かしきれていない場合も存在すると言う例です。MS法人は、一見、医療法人の制約を補完するための有効な手段として映るかもしれません。しかし、実際にはその背後には多くの課題や問題が潜んでいます。

本ケースの問題点をあげると、以下の点です。

・株主構成
・法人名義の億ションの債権（個人に対する貸付　約1億円）

まず、MS法人の設立によって生じる最も顕著な問題は、税金の負担の増加です。消費税に関して言うと、売上が1000万以上の場合、課税事業者として消費税を支払う必要が生じます。設立から2年間は免税とされていますが、3年目以降はこの税金の支払いが義務付けられます。

さらに、事業税の問題も無視できません。例えば、本ケースのような内科の場合、診療の9割近くが保険診療となることが多いです。この保険診療は、事業税の非課税対象となっています。このため、医療法人は事業税の面で一般法人と比べて優遇されていると言えます。しかし、MS法人を設立すると、MS法人側の事業ではこの優遇が受けられないため、事業税の負担が増加します。

このような税金の問題を考慮すると、MS法人を設立することで短期的なフローに関して節税効果を期待するのは難しいと言えます。しかし、長期的な視点、特に相続対策としてMS法人の設立を検討する場合は、異なる側面を考慮する必要があります。

このケースでいうと、院長は、土地を定期借地として、建物のみを自己所有していました。この医師が建物を個人のまま所有している場合、医療法人からの賃料収入が不動産所得として個人の所得として計上されます。これにより、医師の年間所得は、医療法人からの給与とこの不動産所得の合計となります。

しかし、この建物をＭＳ法人に売却すると、賃料収入は医師には入ってこなくなります。個人の賃料収入がなくなることで所得税がまず抑えられます。一方で、ＭＳ法人に入る賃料による利益は毎年蓄積され、ご子息が相続する際に引き渡すことができるという、相続対策になるわけです。

ところが、このケースのＭＳ法人の株主構成は、院長本人が90％、奥様が10％となっていました。このままだとその恩恵にあずかることができません。

また、院長ご家族は都内の億ションに住んでいたのですが、この物件の所有者は医療法人でした。そしてその購入費は、院長個人からの1億円を当てたものでした。これを役員社宅としていたのです。

つまり医療法人としては、院長個人からお金を借りているわけで、これを返済しないといけないのですが、返済されないまま放置されていました。もし年間８００万円ずつでも返済していれば、その分税金も抑えられるはずです。

改善提案として、私はいったんMS法人の形式を取ることをやめましょうと提案しました。畳んでしまうのはまた負担が大きいので、MS法人はそのまま残すとして、間接部門の業務は医療法人に戻し、MS法人は、当初目論んだ機能ではなく「不動産所有法人」として役割を果たすというのはどうかということです。

また、院長の持株も、少しずつ子どもに贈与し、持ち株比率を0に近づけていきましょうと助言しました。

このような、おかしなMS法人を立ち上げた経緯については、顧問税理士の提案でした。MS法人を立ち上げることで、新たな顧問料、新たな生命保険契約などが生まれることにより、旨味を得る税理士の思惑も見え隠れするような気がします。

院長が顧問税理士に改善案を伝えましたが、残念ながら税理士から反対され提案は受け入れられないままになっています。

ケース❺

MS法人を設立させられ損失を被った

院長年齢　40代
診療科目　皮膚科
開業年数　約7年
診療形態　テナント
医業収入　約1億2000万円

（状　況）
・4年前にMS法人設立
・MS法人株主構成　院長の父　100％
・役員代表　院長の妻　他の役員　院長
・MS法人の医業収入　約3000万円
・受付、事務スタッフをMS法人へ転籍
・MS法人の税引き前利益　約800万円

開業して7年が経過したクリニックがありました。医業収入は約1億2000万円と安定しています。このクリニックは4年前にMS法人を設立しました。院長の父親が100%の株主。役員代表は院長の奥様で、院長も役員として参加しています。不思議なのが、このクリニックは医療法人としての形態を取らず、個人のクリニックの形態を維持しながら、MS法人だけを設立しているという点です。

MS法人の方では、営業収入が約3000万円となっています。主な業務内容としては、受付事務スタッフの雇用や医療材料の仕入れを行っています。さらに、サプリメントや化粧品の販売も行っており、これらの商品はMS法人を通じて販売されています。

直面している問題は、MS法人を設立したことによる顧問料の負担増、税金の負担増です。具体的には、消費税や事業税の増加が挙げられます。

さらに、役員報酬に関しても特筆すべき点があります。役員としての院長や代表としての奥様は、役員報酬を受け取っていないのです。この状況は少し異例とも言えるでしょう。

生命保険に関する問題も浮上しています。ＭＳ法人名義での法人契約の生命保険に、年間約４００万円の負担があるとのこと。この保険の被保険者は院長で、その目的は将来の退職金準備として加入したとのことです。しかし先ほどご説明した役員報酬ゼロが、後述しますが、この保険支払いの出口戦略と深く関わってきます。

なぜ、通常の流れである医療法人の設立を経ずに、いきなりＭＳ法人を設立したのでしょうか?

通常のセオリーとしては、まず医療法人を設立し、その後でＭＳ法人の設立を検討するという流れが一般的です。ＭＳ法人を先に設立するというのは、非常に珍しいケースと言えます。その理由として、現状のＭＳ法人の設立にはデメリットが多いからです。

弊社も、消費税が３%~５%の時代ならまだ税制面での意味合いでＭＳ法人の設立を提案してきましたが、10%の今となっては、税金面での旨味は感じません。ですから設立を提案する場合でも、相続対策のメリットの意味合いにおいてがほとんどです。

さらに、ＭＳ法人名義で、年間約４００万円という額の生命保険があるということは前述しました。これは退職金の意味でとのことでしたが、役員報酬がゼロなのですから、対象とする退職金を払うことができません。つまり出口のない保険料負担となってしまっているのです。

憶測の域を出ませんが、こうなっている理由としては、生命保険の担当者から顧客（当院）の紹介を受けた税理士が、保険担当者に何かお返ししなければならないという考えのもと、顧客にＭＳ法人の設立を提案し、保険契約の段取りをつけたのだと思われます。

本来であれば、医療法人化を提案すべきですが、その税理士には、医療法人化のノウハウがなかったこと及び、ＭＳ法人の方が、簡単かつ短期間で設立できるという点で税理士や保険担当者がメリットを早く享受できる点でＭＳ法人を勧めたのだと考えます。

今述べたような現状を院長に説明したところ、院長はひどく憤慨していました。私は、「これまでのことは取り返しがつかないので、顧問税理士を交代し、医療法人化に着手しましょう」と提案しました。

その後、無事、医療法人化し、現在、保険契約を法人もしくは院長個人が買い取るか、解約するかを検討中です。

以上、税理士選びに失敗した事例をいくつか紹介してきましたが、いずれのケースでも言えるのは、税理士選びを間違えると、痛い目に遭う可能性があると言うことです。それは個人でも、大手の税理士事務所でも同じです。医療業界ならではの税務処理や事業の特徴があり、それに最適な提案ができる知識と経験があるかどうか、第4章で解説する選び方が重要となるのです。

税理士本人が、「私は医療業界に関しては苦手です」と自己申告することはないのですから。

4

もう間違えない！ 税理士選び

税理士業界の現状

医療業界に精通した税理士の活躍が期待される

税理士業界全体の市場規模は拡大傾向にありますが、税理士の顧客対象となる中小企業や個人事業主は減少傾向にあり、税理士の登録数や税理士法人の数は、増加傾向が続いているため、税理士一人当たりの顧客数は、どんどん減少しています。

また、平成14年（2002年）に税理士報酬規定は撤廃され、顧問料の自由化が始まりました。顧問料は、価格競争のあおりを受け年々減少傾向にあり、税理士資格さえもっていれば一生安泰、とはいえなくなっています。

そういった状況のもと、介護、医療福祉分野は、成長分野ということもあり医療業界に参入する税理士が増加しています。

一見、医療業界からすると喜ばしいように思えますが、医療専門の看板を掲げていても、医療業界のことを何もわかっていない税理士も多く存在し、実際、顧問料に見合ったサービスを提供できていない点で、ドクターの期待を裏切る事務所が、後を絶ちません。

医療機関を取り巻く経営環境が年々厳しくなることが予想される中、今後、顧問税理士に対するニーズは多様化、高度化され、医療専門の税理士に対する期待が高まっています。

今後、医療業界に強い税理士と、見かけだけで医療業界に無知な税理士との格差がますます開き、医療業界に精通している税理士の活躍の場が、広がることが予想されます。

税理士と顧客の間にミスマッチが生じる理由

開業して初めて気づく税理士への不満

税理士とドクターの間には情報の格差が存在します。

この関係は、ドクターと患者の関係に似ています。開業時、たいていの院長は、クリニックの会計、税務や税理士業界の知識をほとんど持ち合わせていません。その理由は、彼らが税理士と仕事をした経験がないからです。開業する際、税理士との契約は重要ではありますが、開業までの長い過程での優先順位は低いと感じられることが多いです。

開業後、税理士はクリニックの会計や院長の確定申告などの業務を担当するため、ドクターとの関係が始まります。

実際に税理士との関係が始まるのは、開業してからの月次報告や記帳業務などの作業を通じてです。

開業後、税理士は院長にとって非常に身近な存在となります。そのため、院長は税理士にさまざまな疑問や相談を持ちかけることが増えます。

しかし、税理士がその疑問や相談に対して適切に答えられない場合、院長の不満は増大します。特に、クリニックの収入が増えると、経費に対する質問や節税の提案が求められるようになります。しかし、税理士がこれに対して適切な対応や提案を行えない場合、院長は税理士の資質やその選び方に疑問を持つようになります。

この問題の背景には、税理士の選び方や評価の方法が不明確であること、また、税理士事務所の規模や知名度だけでなく実際の担当者の能力や経験が重要であるにもかかわらず、それが重要視されていないことが挙げられます。大手の税理士事務所でも、担当者の経験や能力には大きな差があり、運悪く経験が浅く、能力の低い担当者に当たってしまった場合これが院長の不満の原因となることが多いです。

したがって、院長は税理士を選ぶ際に、事務所の規模や知名度だけでなく、実際の担当者の能力や経験を重視する必要があります。また、税理士業界も、医療機関の実務経験を持つプロフェッショナルを育成する必要があります。

不満は表に出にくいのが現状

グラフは、2014年6月に、弊社が開業10年以内の医療機関90件を対象に独自に調査した結果です。

左のこのデータからもわかるように、先生方からの不満は表に出にくいのが現状です。税理士との関係において、多くの先生方が「可もなく不可もなく」と回答されることが多いようです。税理士との顧問契約を解除したい、交代したいと感じても、実際に行動に移すのは難しいというのが一般的だと言えます。

その背景には「スイッチングコスト」という概念があります。

開業10年以内のクリニックへのアンケート内容

月の訪問頻度は?

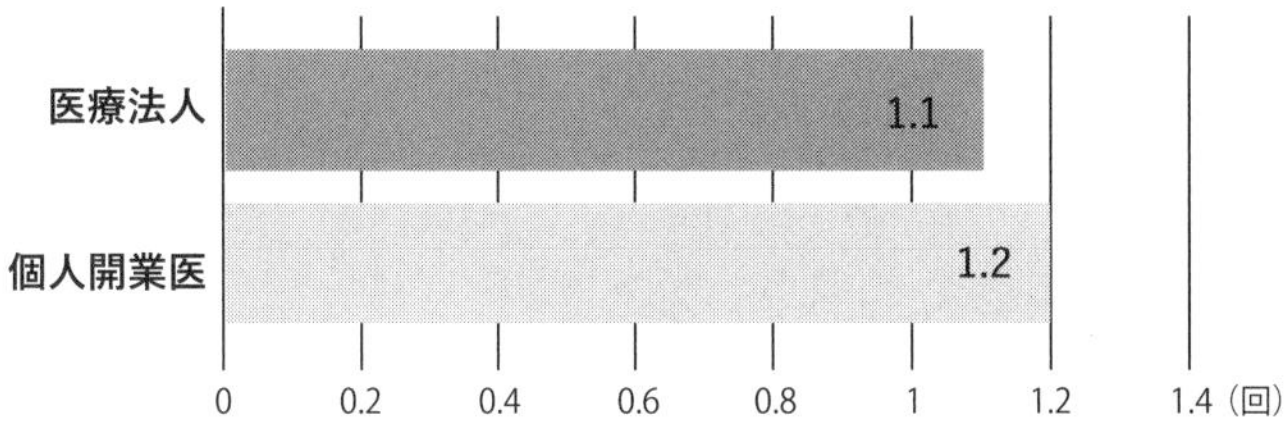

年間の顧問料は?
（月次顧問料、申告。決算料合計）

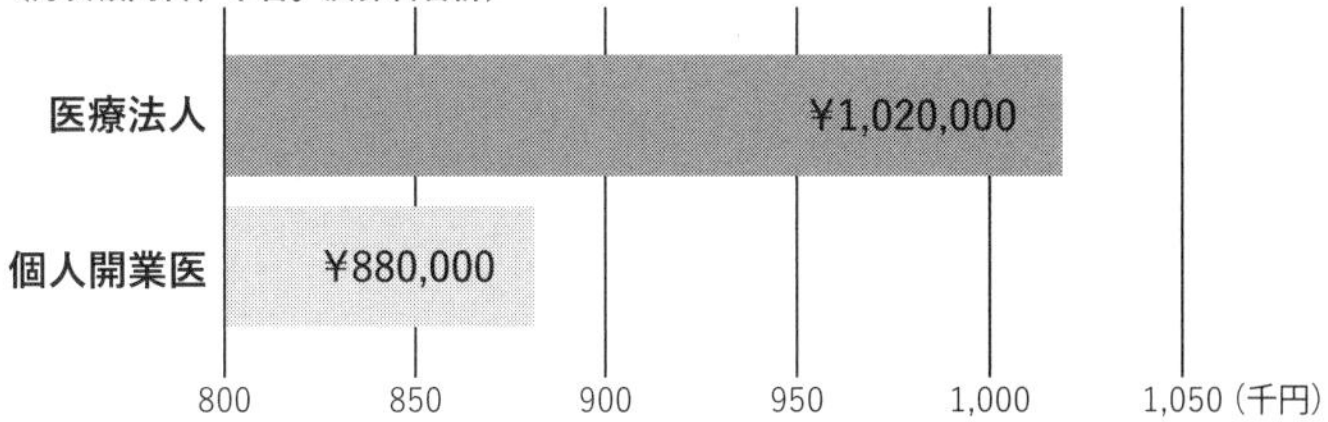

顧問会計士
会計事務所への
満足度は?
（個人開業医）

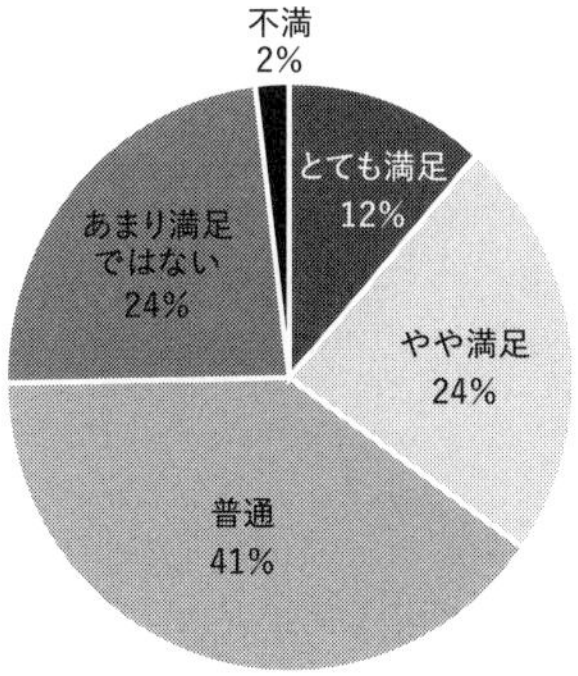

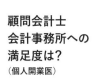

スイッチングコストとは、利用しているサービスや商品、ブランドを他社のものに、切り替える際に発生する時間・費用・心理的な負担のことをいい、税務顧問契約を変更する際、主に物理的コスト（費やす時間や労力）や心理的コスト（現在の顧問税理士を断るストレス、新しい顧問税理士に対する不安等）の2つのコストを高いと感じているドクターは、容易に変更することはしません。

しかし、実際にはそのようなハードルは先生方が勝手に感じているだけで、実際にはそういった問題は存在しないのです。

また、多くの院長が不満を感じているポイントとして、税理士からの積極的な節税提案がないことが挙げられます。実際に、節税に関する提案がある先生は全体の約1割程度と言われています。このような状況の中、一部の院長は自ら税務や節税に関する知識を学び、税理士に問い合わせるケースが増えてきています。これは、総じてドクターは、地頭が良く、短期間で専門的な知識を吸収できるためです。

税理士との関係において先生方が不満を感じる背景には、提案不足や院長先生自身の知識の増加も理由のひとつと言えそうです。このような状況を理解し、それに応じた対応をすることが今後の税理士業界にとって重要となるでしょう。

税理士選びの手順

税理士選びの手順としては、次ページの図のような流れになるのが一般的です。まず考えたいのは、どういう経緯で税理士をしているのか、ということです。それには税理士になる方法を知っておいた方がいいでしょう。

医師と同じく、税理士になるには国家試験に合格する必要があると多くの人が考えているかもしれません。しかし、税理士の場合、試験に合格する以外のルートで資格を取得する人が半数以上います。

税理士になるまでの経歴や、資格取得後の実務経験、得意分野、そして現在の顧問先のニーズにどのように応えているかという姿勢も、選ぶ際の重要なポイントです。

税理士にも得意分野や専門性があります。

税理士の資格取得の要件は以下の４つです。

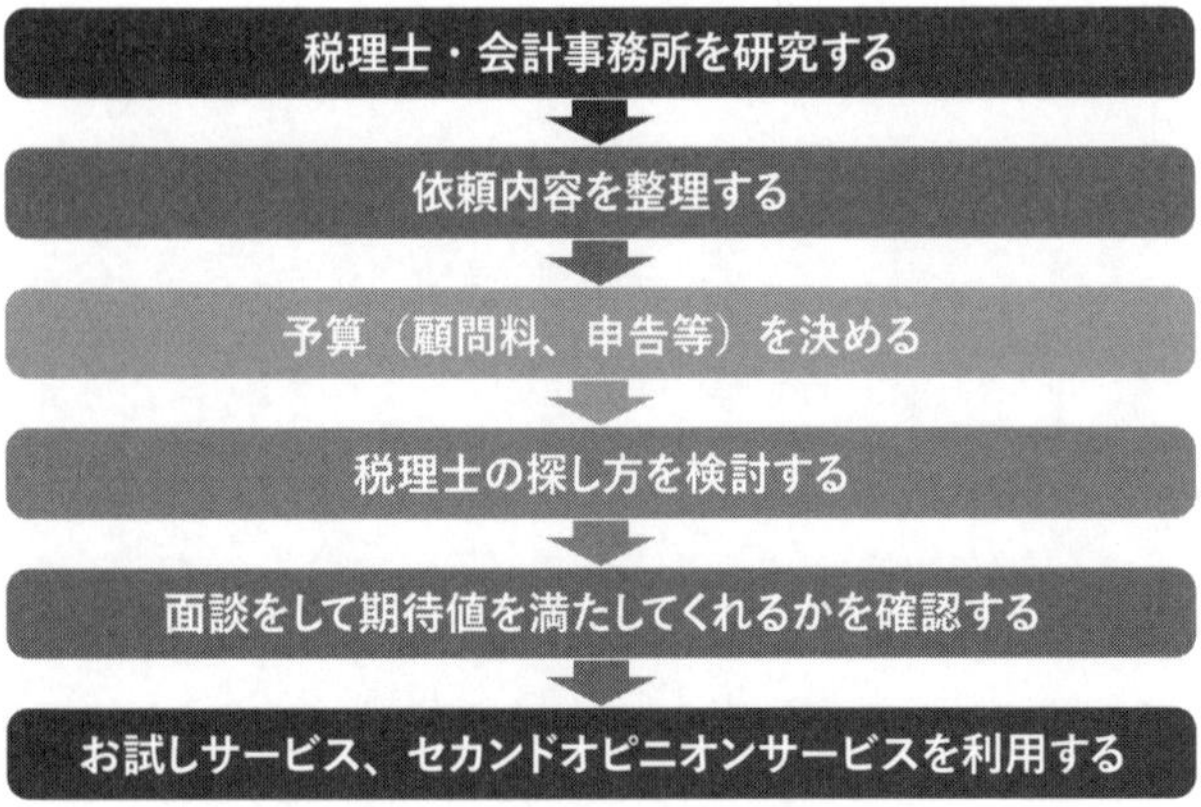
税理士・会計事務所を研究する
依頼内容を整理する
予算（顧問料、申告等）を決める
税理士の探し方を検討する
面談をして期待値を満たしてくれるかを確認する
お試しサービス、セカンドオピニオンサービスを利用する

①税理士試験に合格する（5科目）。

②ダブルマスター（大学院修士課程を2つ修了）。平成14年に税理士法が改正され、2科目まで免除されることがある。

③税務署の公務員として、税務に関する職務に一定期間以上就いていた場合、税理士資格が付与される。

④公認会計士や弁護士の資格を持つ者は、税理士として登録するだけで資格が付与される。

どのような税理士を選ぶべきか

依頼内容を整理する

税理士を選ぶ際、最も重要なのは、自分が税理士にどのようなサポートを求めているのかを明確にすることです。税理士が提供するサービスは大きく3つに分けられます。

❶基本業務

これは税務・会計業務、月次報告、決算申告、記帳代行などを指します。どの税理士事務所でも提供される基本的なサービスです。

❷医療法人設立支援（節税対策）

医療機関としてのステージや経営状況に応じて、医療法人の設立や節税対策が必要となることがあります。特に開業して1年、2年、3年と経過すると、このようなサポートが求められることが増えてきます。

❸経営改善支援

これは、税務や会計だけでなく、経営全般に関するサポートを指します。具体的には、増収増益対策、経営計画の策定、資金調達のサポートなどが含まれます。

ドクターの中には、税金や会計に関する知識や経験が豊富な方もいらっしゃいます。そのような方々は、「基本業務だけで十分」と考えることもあるでしょう。しかし、医療機関としての経営をスムーズに進めるためには、医療法人の設立や分院の開設、資金調達など、さまざまなサポートが必要となる場面が出てきます。

また、税務会計のスペシャリストとしての税理士の役割はもちろん、医療の現場に特化したサポートも求められます。節税対策としての医療法人の設立や、相続税の節税を目的としたメディカルサービス法人の設立など、医療機関特有のニーズに応えるサポートが必要です。

さらに、労務に関するサポートも考えられます。税理士事務所によっては、社会保険労務士や社労士法人と連携して、スタッフの採用や育成に関するサポートを提供しています。税理士が直接提供するサービスではないかもしれませんが、税理士と連携することで、労務に関する相談やサポートを受けることができます。

税理士を選ぶ際のポイントとして、担当者のキャリアや経験、税理士資格の有無、依頼内容に対する対応能力などをしっかりと評価することが大切です。税務調査の対応や、具体的な節税提案など、求めるサポート内容に応じて、最適な税理士を選ぶことが重要です。

税理士事務所の探し方

では税理士をどのように探すのか？

顧問契約は、無形の商品のため、手に取って触ったり、試したり、また価格や性能を単純に比較できないため、自分の期待値を満たしてくれる税理士を見つけることは、なかなか困難ですが、一般的な探し方としては以下の通りです。

①紹介（金融機関、業者、知人）

誰からの紹介かによって判断は異なってきますが、多いケースとして金融機関、業者からの紹介が挙げられます。彼らは、規模、知名度、顧問先数等で実績のある大手事務所と提携しており、一見、安心できそうなイメージですが、実際、その税理士事務所からサービスを受けたことがないので、その事務所のサービス内容や特徴、他の事務所の違い等、ほとんど理解していません。

特に大手事務所だからと言って安心できないということは肝に銘じていただきたいと思います。なぜなら、税務顧問サービスは、担当者によって、品質の差異が生じる性質があり、特に大手事務所の場合、どんなレベルの人が担当になるかはわからないからです。

税理士からサービスを受けたことがある同業の知人からの紹介であれば参考になりますが、その場合もたくさんの税理士を比較したうえでの客観的な意見ではないので、あくまでも参考程度として捉えておくことが望ましいといえます。

②ホームページ

事務所の紹介や業務内容、料金、所長の考え方等、費用もかからず参考になる情報を入手できることはメリットですが、デメリットは、情報量が多すぎるため、自分に合った税理士を絞り込むことが困難なことです。また面談してみないと判断できません。あくまでも情報収集のためと、紹介された税理士を確認するため、という目的で活用すべきです。

③税理士紹介会社

税理士紹介会社は、顧問先を探している税理士事務所と税理士を探している個人・法人をつなぐ役割を担います。顧問契約が成立すると、税理士事務所から顧問料の一部が手数料として紹介会社に支払われます。

費用もかからず、依頼主の希望に合った税理士を紹介会社がピックアップしてくれるので時間を節約できる点がメリットですが、すべての税理士事務所が登録しているわけではなく、登録している税理士が限られています。したがって必ずしも最適な税理士を見つけられるとは限りません。

また、紹介会社に登録している税理士事務所は、そもそも自力で顧客獲得ができない事務所が多く、裏を返せば、他の事務所と比べてサービスや業務内容に特徴がなく、差別化できる要素がない平凡な事務所といえます。その点で税理士事務所としての信頼性が欠ける面は否めません。

税理士の選び方　チェックポイント

前述のような方法で事務所を見つけたら、次のポイントで、その税理士事務所が自分のクリニックに合うのかどうか、確認しなければなりません。

①担当者の第一印象・相性、コミュニケーション

・話しやすいか？
・外見の印象は、良いか？
・話がわかりやすいか？
・信頼できそうか？

開業医は、日々多くの患者さんと接する職業です。1日に50人、100人と多くの患者さんを診察し、その中には新規の患者さんも含まれます。初めて

会う患者さんの症状を正確に把握し、診断を下すためには、ヒアリング能力や傾聴力が求められます。患者さんは自分の症状を正確に伝えたいと思っており、ドクターはその情報を元に診断を行います。このような日常の中で、ドクターは人の特性や状態を見抜く力、洞察力を養っています。そのため、初対面の人とのファーストインプレッションや直感も鋭く、短い時間での判断ができると思います。

②医療業界に関しての知識、経験は豊富か？

・医療機関の会計業務の経験年数
・医療法人に詳しいか？
・現在の担当件数、内訳
・得意分野

担当者の能力、知識、経験は、医療業界と税務会計の2つの大きなカテゴリーに分けられます。個人のクリニックを運営している場合、医療法人化を考えることもあるでしょう。その際、担当者が医療法人に関する知識を持っているかどうかを確認することが重要です。

医療業界に関する知識として具体的なものを挙げると、例えば東京のクリニックの場合、医療法人の申請の時期が年に何回あるのか、2月や8月に申請があるのかなどの情報を知っているかを確認することができます。さらに、医療法の改正についての知識も重要です。特に、平成19年の4月に大きな改正があったことや、現在の医療法人制度の変更点などでも、専門的な知識を持っているかどうかを確認することができます。

また、医療法人のメリットやデメリットについても、担当者が詳しく知っているかを確認することができます。

さらに、担当者がどれくらいの件数の医療機関を担当しているのか、特に同じ診療科目を担当しているかどうかも重要なポイントとなります。同じ科目を担当している場合、その科目の特徴や特性についての知識が豊富である可能性が高いです。

そして、税理士の得意分野についても確認することができます。例えば、クリニックの院長からのさまざまな相談事に対応しているか、スタッフの採用やマネジメントに関するアドバイスを提供できるかなど、具体的な事例をもとにその得意分野を確認することができます。

③税務・会計に関する知識・経験は、豊富か？

・税理士の資格の有無
・税務相談が可能か？
・節税提案をしてくれるか？

税務関連の知識は、税理士の資格の有無で大きく異なります。資格を持っていない担当者がいる場合、具体的な提案は期待できないかもしれません。しかし、資格の有無は確認できます。資格を持っていれば、名刺に記載されていることが多いです。

質問で判断するなら、例えば、税金の相談をしたい場合、具体的にどのような相談ができるのかを確認することが大切です。住宅ローンや医療機器の購入方法、リースか現金かの選択など、様々な相談内容が考えられます。そして、それに対してどのようなアドバイスがもらえるのか、過去のクリニックでの提案例などを参考にして、具体的な提案内容や過去の経験を共有してもらうことで、信頼感を得ることができます。

④顧問料に明瞭性があるか？

・月額費用
・確定申告・決算費用

税理士の料金には、月々の顧問料と、決算時や確定申告時の費用が含まれます。特に、医療法人の場合は決算時、個人の場合は確定申告時の費用が必要です。また、院長や奥様の個人としての確定申告も依頼する場合には、それらの費用も合わせて確認することが大切です。

⑤連絡手段

・電話
・メール
・ZOOM
・スカイプ
・LINE

⑥巡回訪問

・訪問頻度
・巡回時のサービス内容

⑤、⑥に関して、最近は連絡手段として、電話やメールに加えてZOOMの利用が増えてきています。そのため、「どのような方法で連絡を取るのか？」や「面談の際には直接来てくれるのか？」といった点を確認することが大切です。

また、クリニック側の会計処理の負担をどれだけ軽減できるかがキーとなります。現在、ペーパーレス化が進んでいるものの、紙での管理もまだ主流です。その際、院長にとって最も手間がかからない方法は、領収書や請求書を一カ所に集めておき、担当者がそれを取りに来る形態です。通帳のデータなどは、来院した際、その場でコピーや写真を撮るなどして取り扱います。この方法なら、院長が不在でも、スタッフや奥様が資料を準備しておけば、担当者がそれを整理し、必要な部分を預かることができます。

この方法に慣れてしまうと、途中での変更は負担がかかることが考えられます。事務所側は、院長や事務長の作業量をどれだけ軽減し、効率化できるかを常に考える必要があります。

なお、クラウド会計(※)の利用が増えてきていますが、現在はまだアナログが主流で、クラウドの利用は5%程度と考えられます。しかし、将来的にはクラウドが主流になるでしょう。

※　クラウド会計…個別のパソコンにソフトをインストールしなくてもインターネットを通じて一定のサービスや機能を利用できる会計システム。

⑦経営相談が可能か？

・資金調達
・経営計画の策定
・集患・増患支援
・スタッフのマネジメント

医療系の事務所の中には、患者数の分析を行い、それをグラフや表で示すところがあります。例えば、2カ月前の患者数や新規患者数、レセプトの単価などを時系列で示すものです。

しかし、これらのデータだけでは、実際の意味や価値は乏しいと感じる方も多いでしょう。なぜなら、これらは過去の数字を単にまとめているだけで、今後どう行動すればよいのかの指針にはなりません。

実際、多くの院長は「今後どうすればいいのか？」という予測やアドバイスを求めています。しかし、ほとんどの会計担当者は、このような具体的なアドバイスを提供することが難しいのが現状です。なぜなら、単なる過去会計データだけでは、実際の経営にどのように役立てるかがわからないからです。

次の第5章では、これら会計データがなぜ経営に役立たないのかを詳しく説明します。経営を向上させるためには、単に患者数を増やすだけでなく、患者の動きや傾向を正確に把握することが必要です。

なぜ顧問税理士は、節税の提案をしないのか？

顧客の院長が顧問税理士に対して行う一番多い要求が節税です。クリニックは、小規模ながら高い利益率のため、税金対策が必要になるからです。ところが、その院長の期待に応えられていない税理士が多いことに驚かされます。

①納税は正義、節税は悪と考えている

税理士は、税務に関する専門家として、独立した公正な立場において、申告納税制度の理念にそって、納税義務者の信頼にこたえ、租税に関する法令に規定された納税義務の適正な実現を図ることを使命としています（税理士法第1条より）。

税理士としての最大の職務は、「適正申告」「適正納税」であると考えている税理士は、「納税は正義、節税は悪」という信念を持っています。残念ながら、そういった税理士に節税提案を期待しても無駄です。

②顧客が支払う税金に関心がない

顧客が支払う税金が多くても少なくても全く関心がなく、「顧客が納税できるのであれば、全く問題ない」という考えの持ち主で、節税をしてほしいとお客様から言われても、のらりくらり、話をはぐらかすことには長けている税理士が少なからず存在します。そのような税理士は、納税者のために仕事をしているというより、税務署に貢献するために仕事をしているといっても過言ではありません。

③節税提案にリスクを感じている

余計な節税提案をして、税務調査で税務否認される。その結果、顧問税理士に責任が及ぶことに必要以上、恐れていて、何も提案しないことが顧客のためになると本気で思っている税理士がいます。

④節税提案にインセンティブがない

節税提案して、その結果お客様の納税額が減っても顧問料が増えることはなく、収入が、特に変わることがないため、顧問税理士が節税提案を行うモチベーションは低い状態です。何らかのインセンティブがあれば、顧客のために節税対策のノウハウや情報を得るために勉強や努力する税理士が増えることと思います。

⑤節税対策と称して生命保険を提案する

顧客からの節税要求に対して経費になる生命保険を提案することが節税対策と思っている税理士は、副業として生命保険の代理店をしています。

積極的に保険を勧めてくる税理士は、まさしく手数料目当てであり、特に他の節税提案を行うことはありません。

⑥節税の知識がない

ごく一般的な節税に関する知識を持っていても、院長が要求するような節税に対しての知識やノウハウが不足している税理士は、一定数存在します。お客様の期待に応えるために節税対策の勉強や節税商品の情報を得るために努力している税理士は、実際、少ないのが実状です。

⑦会計担当者が多忙すぎて提案する余裕がない

担当者が一職員（無資格者）の場合、一人当たりの担当件数が、20～40件位になるためお客様から節税の相談があっても、日々の業務で忙しすぎて顧客の相談に対応する余裕もなく、節税に関して勉強する時間もないため、お客様からの期待に応えられない現状があります。

以上、私が現場で感じている節税提案しない税理士の特徴を7つ挙げましたが、なぜそのような税理士や税理士事務所が存在するのかというと、節税提案がなくても顧問契約が解除されることがなく、これまで、今までのやり方で特に問題もなく、顧問契約が継続されるからです。

もし、節税提案を求める顧客が多くて、それに対して不満を持っている顧客の大半が顧問契約を解約するようなことであれば、税理士も変わらざるを得ません。そうなっていないのは、顧客が顧問税理士に不満や不信感を抱きながらも、行動に移すこともせず、契約を続けるからです。

それほど税理士を変更することは、顧客にとってハードルが高いと思われています。

しかし、私が現場で感じる、顧問税理士を変更することは、そんなに難しいことではないということです。変更に伴い院長が心配しているようなことは、ほとんど起こりません。変更することよりも難しいのは、自分にとってベストな税理士を見つけることです。

税理士に求めること

英国オックスフォード大学のマイケル・A・オズボーン教授は、2013年に「雇用の未来」という論文を発表し、今後10～20年の間に47％の職業がAIに仕事を奪われると主張しました。その中で、無くなる仕事として税理士や会計士を挙げています。

実際、すでにAIを活用した会計ソフトやRPA（業務自動化ソフト）は税理士業界に浸透しつつあり、「記帳代行」「申告書作成」などの定型業務は自動化されてきています。その結果、顧問料は今後も低下していくことが予想されます。

こうしたテクノロジーの普及により、今後税理士には、単なる会計業務や税務手続きではなく、専門家としての知識や経験を活かし、いかに顧客のニーズに応えることができるかが求められます。節税アドバイスだけではなく、経営上の悩みや不安に対して、良き相談相手として税理士ならではの助言やアドバイスが欲しいと願っている院長も多いと実感しています。

そういった専門知識や経験を備えたプロの税理士が増えることを願ってやみません。

5

クリニック経営で成功と成長を実現するためのポイント

経済的成功を実現するための4つの公式

クリニックの経営において成功を収めるためには、4つの要素をしっかりと把握し、適切に管理することが必要です。弊社では、「ＩＴＩＲ」という公式で表される次の4つを提唱しています。

I――インカム（収入管理）
T――タックスマネジメント（節税対策）
I――インベストメント（資産運用）
R――リスクマネジメント（リスク管理）

これらの要素をバランスよく取り扱い、適切に管理することで、クリニックの成長を実現することができます。

経済的成功を目指すためにすること

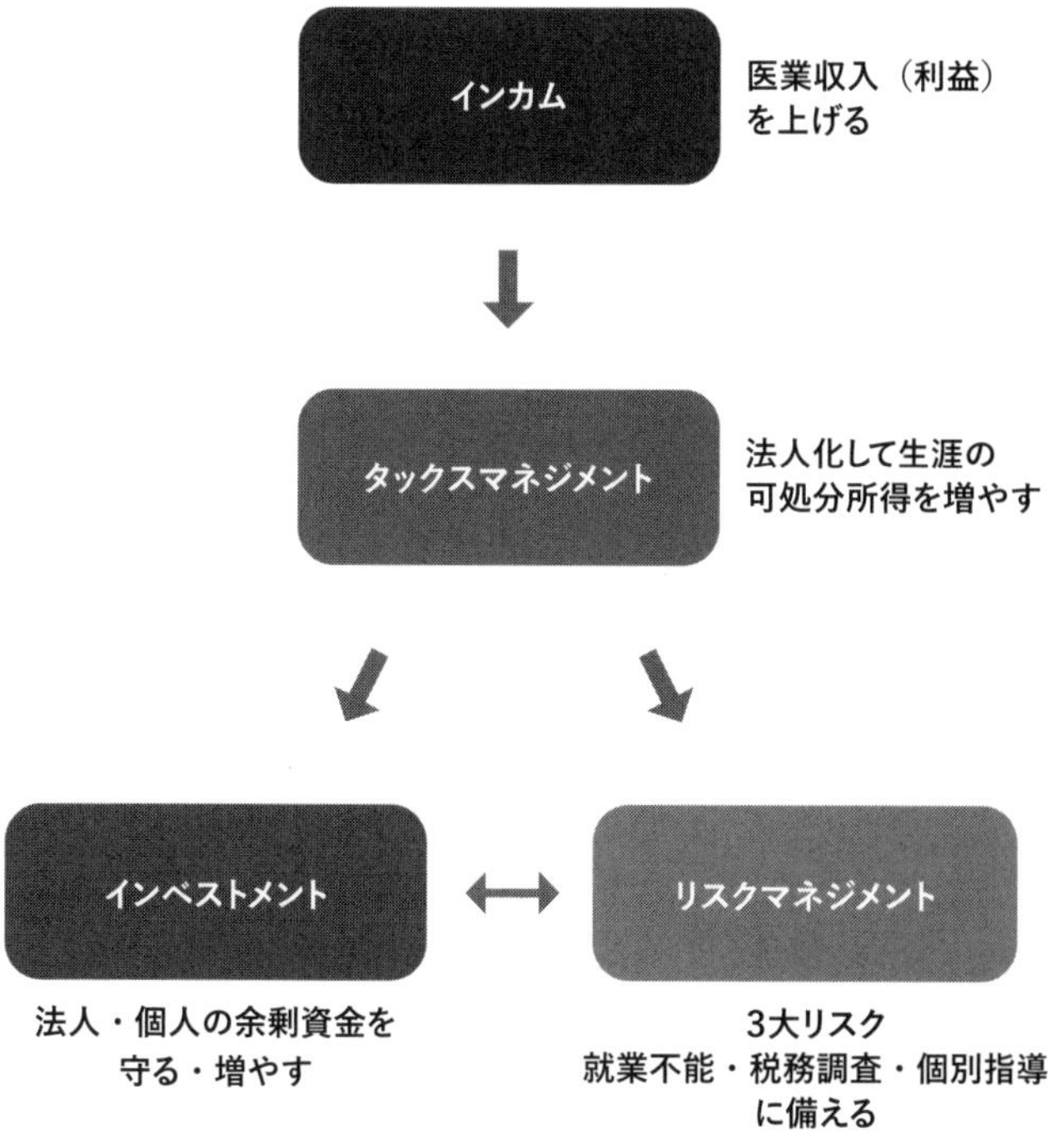

【インカム編】クリニックの利益を増やす

適正患者数を把握する

まず、クリニックの利益を増やすには、医業収入を上げるか、経費を減らすか、その両方を行うしかありません。

しかし、経費削減には限界があり、利益を増やすためには、医業収入を上げていくことがセオリーとなります。

医業収入を上げるためには、患者数を増やすか、診療単価を上げるか、その両方になりますが、診療報酬制度がある以上、保険適用外の診療を行う以外は、単価のコントロールは難しいと言えます。したがって、クリニックの経営状況

Q.『利益』をのこすためには?

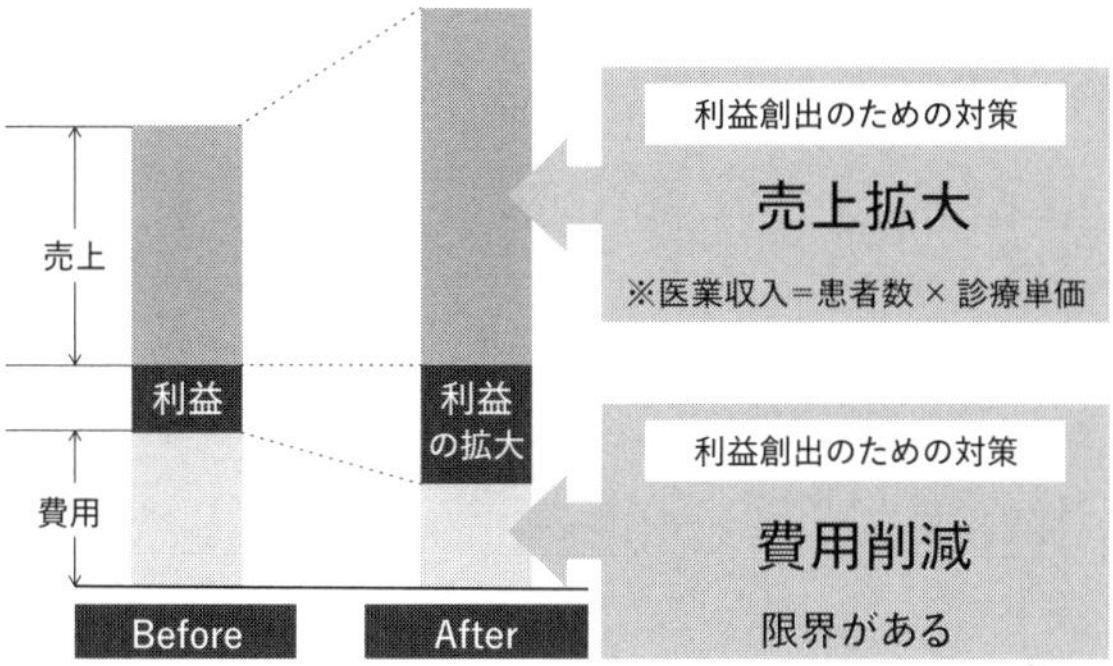

を安定させるためには、外来患者数を継続的に確保することが重要です。

まずは自院における適正患者数（目標患者数）を決める必要があります。

一般的なクリニックでの来院数、リピート率の平均値はどのようなものなのでしょうか。以下は、診療科目別の、1日の平均患者数と初診率です。

	1日の平均患者数	初診率
・内科	30人	10%
・小児科	30人	23%
・精神科	34人	4%

・整形外科：92人　10％
・眼科：48人　18％
・耳鼻咽喉科：45人　28％
・皮膚科：61人　23％
（令和2年　医療施設調査）

このように、診療科目によって、外来患者数は異なりますが、自院のキャパシテイ（診療体制、診療内容等）を把握し、適正患者数を設定する必要があります。

適正患者数（目標患者数）と現在患者数の乖離が不足患者数となります。

会計数値や経営分析表では、経営状態がわからない

患者数という数字のマジック

ここでひとつのケースを確認して見ましょう。

あるクリニックのお話です。駅近郊のテナントビルで開業した2年目の内科医院は、1日の平均外来患者数が20～30人と、患者数の伸びに悩んでいました。院長は、開業時にお世話になったコンサルタントにあまりお金がかからないやり方で集患・増患について提案して欲しいと相談しました。

コンサルタントは、会計資料及び経営分析表を見てこう言いました。「実患者数が少ないので1日の外来患者数を最低40人以上にしましょう。そのためには、職員の接遇研修を実施して患者満足度を高めて、患者のリピート率向上、

及び口コミを誘発して患者さんを増やしましょう。また患者マッピングを行い、診療圏内で患者さんが来院していない地域に野立て看板を立てましょう」

コンサルタントの言われた通りに行えば、果たして本当に患者さんは増えるのでしょうか？

このコンサルタントは、レセプト分析表を基に「1日の来院患者数40人以上にしましょう」と提案しました。「患者数」は、もちろん経営指標の中で重要な指標ですが、患者数にこだわっても集患・増患はうまくいきません。なぜなら、患者数だけ見ていても、集患・増患の対策は何も思い浮かばないからです。

多くの院長先生は、患者数という数字のマジックに惑わされています。「患者数」は何を示しているか、本当に理解していますか？

左の図を見てください。この図の縦軸は患者数、横軸は時間の推移を表現しています。さて、このクリニックは「問題あり」でしょうか？　それとも「問題なし」でしょうか？

Q. この患者数の推移、問題はある？ ない？

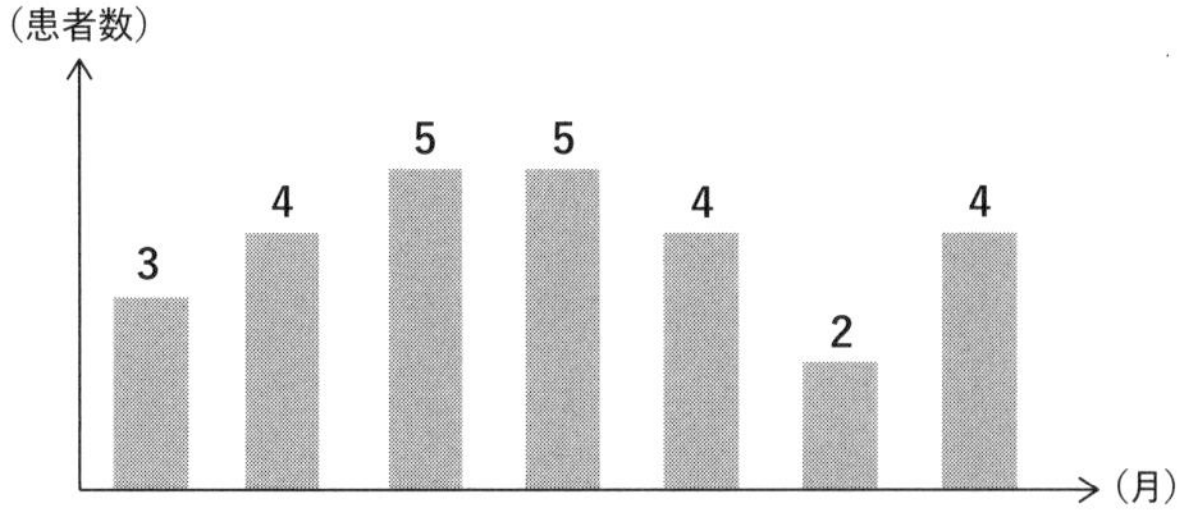

①問題あり　　②問題なし

この答えは、「問題あり」でも「問題なし」でもありません。正しい答えは、「これだけではわからない」です。「問題あり」と答えた人も「問題なし」と答えた人も正しくありません。

そもそもこのグラフだけではどちらともいえない、言えるはずがないのです。では、それはなぜでしょうか？

患者さんの「ある動き」が見えないからです。

患者さんは、次の3つの動きをします。

患者数の動態をとらえる

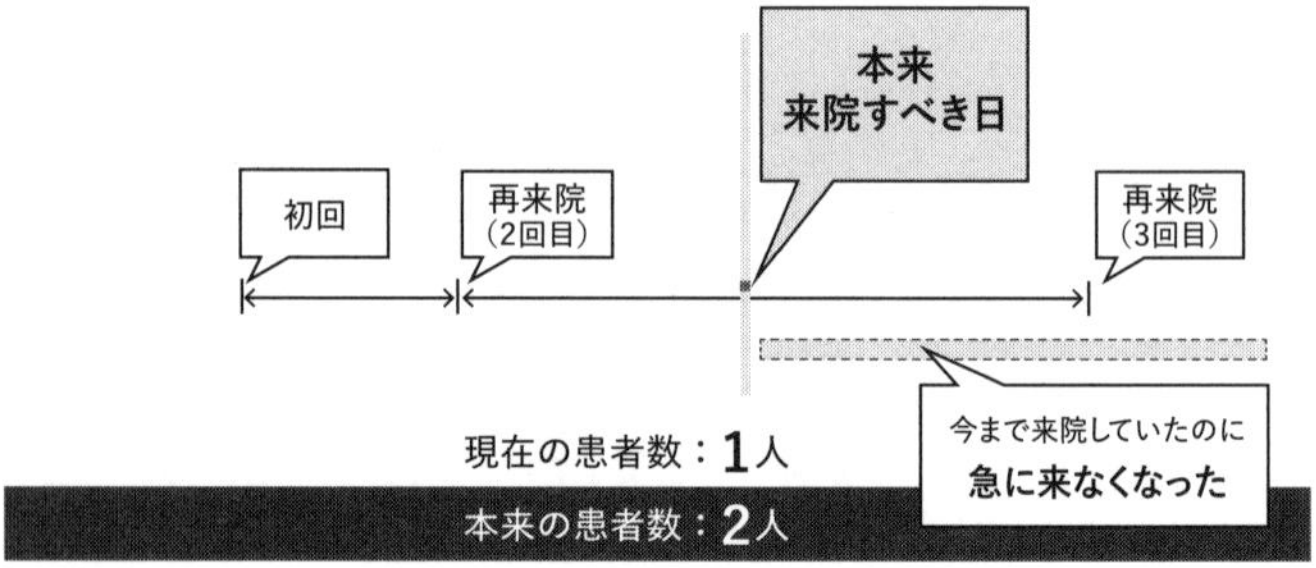

・新規患者（初めて来院する）
・再診患者（継続して通院する）
・流出患者（来なくなってしまう）

患者数を表す棒グラフや数字は、こうした患者の動態を見える化ではなく、「見えない化」してしまいます。

というのも、医療機関に来院する患者さんは、疾患の内容や重症度によって、1人ひとり異なる動きをしています。例えば、ある患者は2週間に1回、ある患者は4週間に1回、またある患者は6週間に1回、というように患者ごとにその疾患の内容や重症度によって、通院すべきタイミングがあるわけです。これを「適正来院周期」と呼んでいます。

このような、患者ごとの「適正来院周期」を把握する分析はとても重要です。ですが、世の中には、ほとんど存在しないのです。

コンサルタントや会計事務所から提案を受ける「レセプト分析」の中には、「月平均来院回数」という指標があるのはご存じだと思います。月単位で「延べ患者÷実患者数」という数式で算出される指標ですが、そのほとんどが1カ月単位で指標を出してきます。つまり、「1カ月以内に2回以上来院した人はどれくらいの割合でいるのか」を見る指標になっているのです。


この場合、適正来院周期が6週間の患者さんはどうなるのでしょうか？　6週に1度、来院する患者さんが多くなれば、この月平均来院回数の数値はもちろん下がります。では、これは状況として悪くなったのかというと、そんなことはありません。たとえ、月平均来院回数の数値が減少したとしても、6週に1度、きっちり来院周期を守って通院していれば、全く問題ないのです。

もちろん、この月平均来院回数の指標を活用し、患者1人当たりの来院回数を増やす、つまり来院の回転率を上げるということは、戦略上、必ずしも間違いとはいえません。しかし、患者さんによって疾患の種類や状態、検査内容、処方日数、ニーズなどは異なるため、簡単には来院回数をコントロールできないのが実状です。つまり、患者の「適正来院周期」の種類はさまざまです。ですから、それをひとくくりにまとめて、勝手に1カ月単位に区切って算出した指標を見ても、正しいか間違っているかを判断できないのです。

患者ごとの来院周期をもとに「あるべき状態」を把握する

患者さんをひとくくりにせず、1人ひとりばらし、「適正来院周期」をもとに患者さんの動きを見れば「自院のあるべき姿」と「やらないといけないこと」が自ずと見えてきます。

患者数を患者一人ずつに分解してみると、左の図のようになります。

棒グラフの人数は各月単位での来院数の合計を表し、下の表では、各患者が

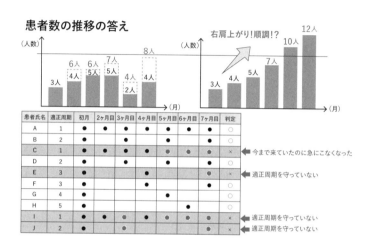

患者数の推移の答え

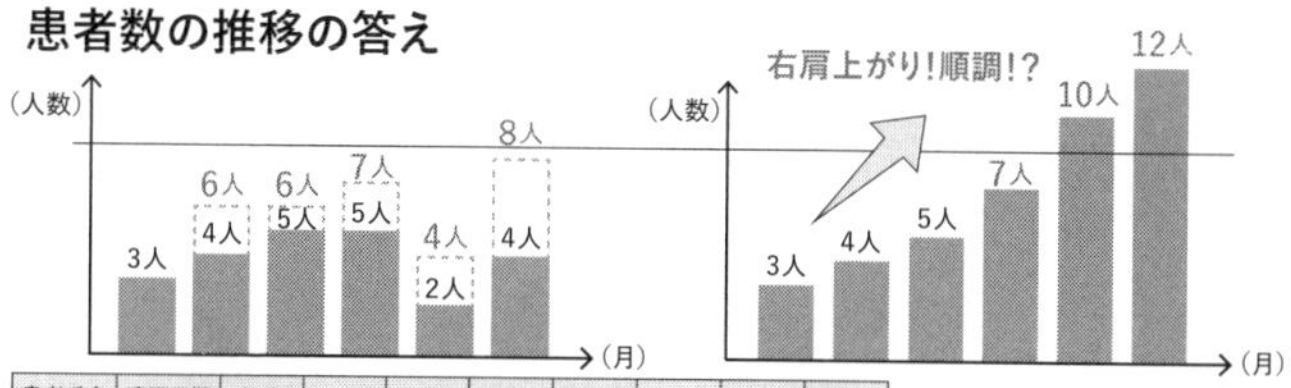

患者氏名	適正周期	初月	2ヶ月目	3ヶ月目	4ヶ月目	5ヶ月目	6ヶ月目	7ヶ月目	判定	
A	1	●	●	●	●	●	●	●	○	
B	2	●		●		●		●	○	
C	1	●	●	●	●	●	●	●	×	今まで来ていたのに急にこなくなった
D	2	●		●		●		●	○	
E	3	●			●			●	×	適正周期を守っていない
F	3	●			●			●	○	
G	4	●				●			○	
H	5	●					●		○	
I	1	●	●	●	●	●	●	●	×	適正周期を守っていない
J	2	●		●				●	×	適正周期を守っていない

来院した月に黒マルを来院すべき月に来なかった場合はグレーのマルを付けています。

ここで各々の患者に「適正来院周期」を設定します。今回は、単純化するために、すべて慢性疾患患者として取り扱うことにします。

各患者に適正来院周期を設定し、実際に患者が来院する動きに着目すると、例えば患者Cは4カ月目までは毎月来院していたのに、5カ月からは、急に来なくなっていますよね。また患者Eを見てみると、4カ月目は、「適正来院周期」を守っていましたが、次の通院日である7カ月目に来院していないことがわかります。

このように、今まで通院していたのに急に中断したり、「適正来院周期」を守らずに通院したりしている患者が多く存在するのです。

「患者数」というひとくくりの数字にとらわれず、ばらして動きを確認し、患者ごとに「適正来院周期」を守っているかどうかを見なければなりません。

来なくなってしまった患者さんに気づいているか否か？

お風呂の栓が抜けているにもかかわらず、必死に、お湯を貯めようとしている状態に気づいていますでしょうか？

抜け落ちている患者さんが、存在していることに、まず気づくことが重要です。

患者数を表す棒グラフや数字では、本当に経営がうまくいっているかは判断できません。

分析の落とし穴

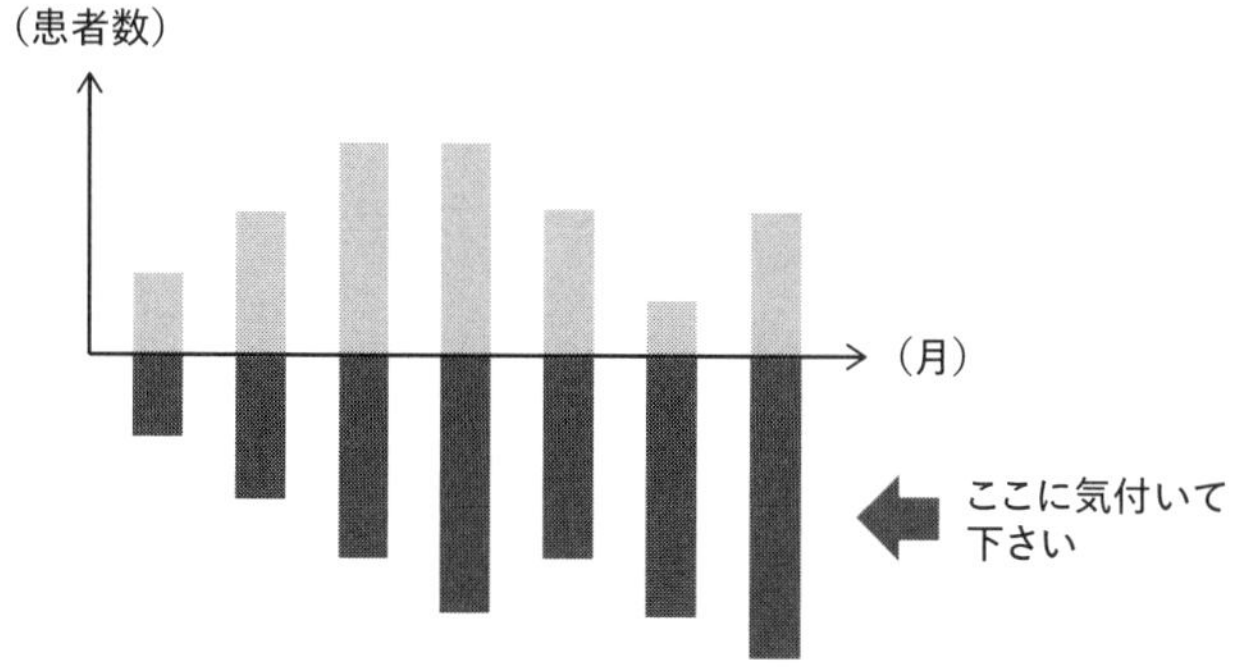

流出患者の定義

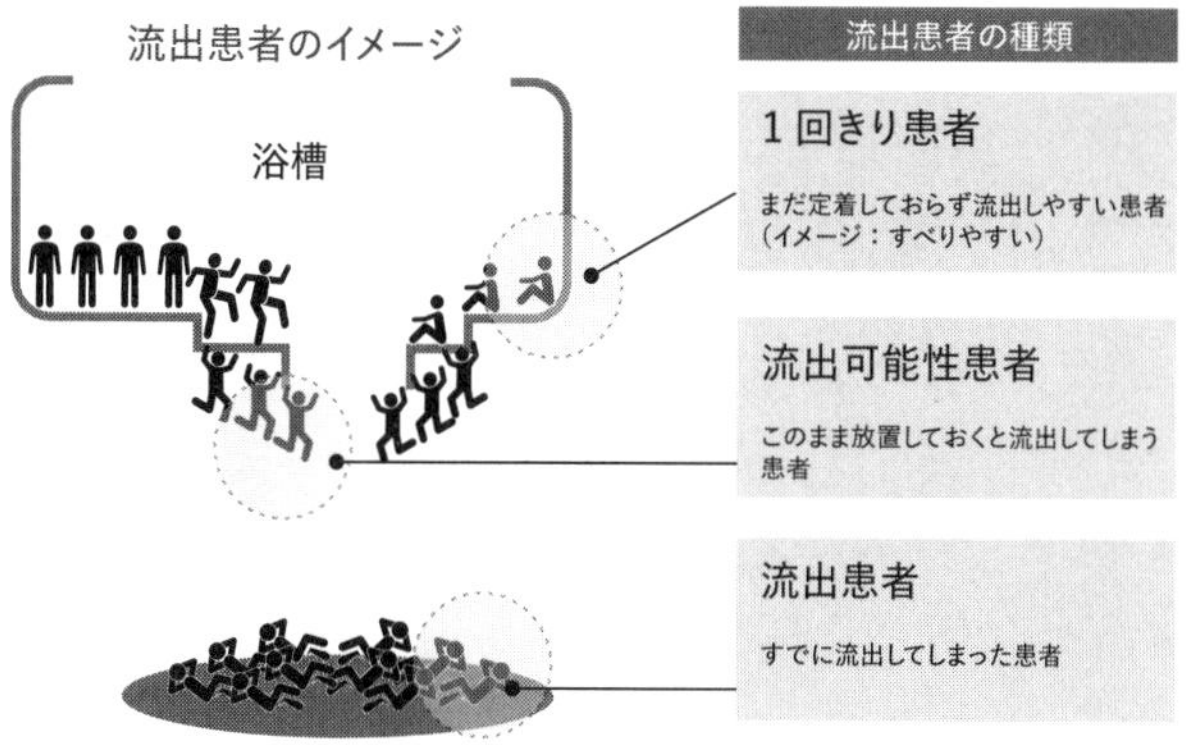

コンサルタントのよくある根拠のない提案話

コンサルタント：患者数1日40人を目標にしましょう!

＜質問＞
その40人中、30人がインフルエンザワクチンだったらどうするんですか?

集患増患の現状を把握するには、
数字だけではなく、『形（イメージ）』で判断する

クリニックの経営において、「1日40人」という数字が黒字の「マジックナンバー」としてよく言われます。コンサルタントたちも、1日40人の患者が来れば黒字になるとのアドバイスをすることが多いです。しかし、この数字だけを見て経営判断をするのは危険です。

例えば、1日40人の患者が来院したとして、そのうち30人がインフルエンザのワクチン接種だけだった場合、経営は成り立たないでしょう。同様に、コロナワクチンの場合も、40人中30人がワクチン接種だけであれば、それだけで経営が成り立つわけではありません。したがって、このように、単に患者数だけを基準にするのではなく形で把握することが必要なのです。

127ページのグラフでは、「新規患者」の数は把握できますが、「再診患者」「流出患者」の情報は、どこにも見あたりません。つまり、これだけでは基本的な「患者の動き」を正確に捉えられないのです。

この分析対象の医療機関において、「新規患者」の獲得数よりも「流出患者」の数が多ければ、優先的に実施しないといけないことは、新規患者獲得ではないはずです。

集患・増患の3原則

「もどす」「なくす」「うばう」

集患・増患を考える上で、一番大切なことは、やるべき順序（戦略）を考えることです。つまり、一番、先に何をやるかを決めて、すべての経営資源（人、モノ、カネ）を投入することです。

具体的には、「もどす」「なくす」「うばう」の3つを順番にやるべきです。

ではなぜこの順番が大切なのでしょうか？　左の図を見てください。

この図は集患・増患の3原則をまとめたものです。

集患・増患の戦術としては、「もどす」が最も取り組みやすく、「うばう」が最も難しくなります。「うばう」つまり他院から新規患者を獲得するというのは、

<よくある根拠のない提案話>

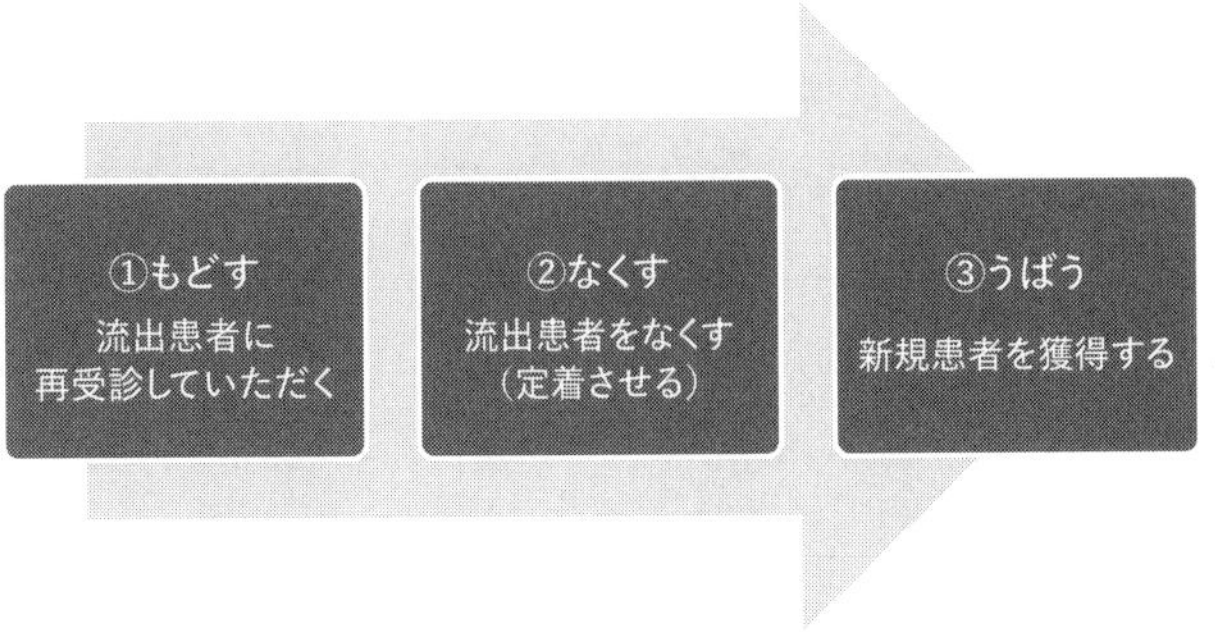

思いつきやすい戦略ですが優先順位としては低いといっていいでしょう。セオリーでは、「もどす」→「なくす」→「うばう」の順で検討していくのがセオリーです。

このように、集患・増患を考える上で、戦術の難易度（取り組みやすいか、コストがかかるか）という軸だけではなく、効果が出やすいか（すぐに効果が出るか、時間がかかるか）も合わせた2つの軸で考える必要があります。

例えばコンサルタントから提案された接遇研修は、コストがそれほどかからない点で着手しやすい利点はありますが、すぐに効果が出るという時間の軸が抜けているため、効果が出るまで時間を要することになります。

また、野立て看板は、コストもかかる上に、効果が出るかどうかは、わかりません。また、もし効果が出たとしても時間が予測できない点で集患・増患対策を考える上で、これも最優先で取り組むべきことではありません。

患者マッピングによる野立て看板の問題点

ちなみに、コンサルタントから勧められた来院患者のマッピングを行い、患者さんが来院していない地域に野立て看板を設置し、クリニックの認知度を向上させる集患手法ですが、注意点があります。

患者マッピングを行うことで、どの地域から患者さんが来院されているかを地図上で見える化し、来院していない地域を把握することができる点で、活用されているクリニックも多いですが、果たして来院していない地域に野立て看板を設置することで認知度がアップし、実際、来院につながるでしょうか？

ここでは以下の点が検討されていません。

・クリニックが認知されていないことが理由で来院しないのか?

・認知されていたら、患者さんは、来院するのだろうか?

・認知されていても、他の理由(競合医院の存在)で来院しない可能性はないのか?

以上の点を解消できない限り、患者マッピングによる野立て看板設置をお勧めすることはできません。

リテンションマーケティングが必要な理由と法則

「もどす」「なくす」のフェーズで大切になる考え方がリテンションマーケティングです。第2章でもお話ししましたが、リテンションマーケティングとは、既存の顧客を維持・再購入を促進するためのマーケティング手法のことを指します。新規顧客の獲得はコストがかかるため、既存の顧客を長く維持することで、生涯顧客価値を高め、企業の収益を安定させることが目的です。

マーケティングの世界には、リテンションマーケティングの有用性を裏付ける以下のような理論があります。

1対5の法則

「1対5の法則」とは、新規顧客を獲得するコストは、既存顧客を維持するコストより5倍もかかると言う理論です。クリニックが新規患者を獲得するには、開業時にポスティングや内覧会の実施、ホームページ作成、看板や広告等の出稿など、マーケティングコストがかかってきます。これに対し、既存の患者さんにリピートしていただく場合は、通院中に行うサービスや治療後のアフターフォローを充実させることで、それほどコストがかからなくても継続来院を実現できます。

5対25の法則

既存顧客の顧客離れが5％改善されると、利益率が最低でも25％改善されると言われています。

LTV（Life Time Value／ライフタイムバリュー）の法則

ある顧客が取引を開始してから生涯にわたって、自社に対しどれだけの利益をもたらしたか、収益の総額を表すための指標です。クリニックの場合、患者

さんが生涯にわたり、通院して自院にもたらしてくれる利益は、

一回当たりの診療単価 × 来院頻度 × 継続来院期間

と計算されます。

一般企業では、マーケティングや営業コストを投入して顧客を獲得しています。クリニックに来院された新規患者さんも、自然と来院されたわけではなく、そこではクリニックが認知されるための活動（内覧会、HP、野立て看板、電柱広告等）を通じて一般企業と同様に1人の新規患者さんを獲得するためのAC（顧客獲得費用）が発生しています。

ところが、その認識を持っているドクターは、少ないです。いかにACを引き下げることができるか？　クリニックが集患・増患を考えるうえで重要なポイントとなります。そのためにリテンションマーケティングが果たす役割は、クリニック経営においても大きいと感じます。

リテンションマーケティングを成功させるためのポイント

クリニックにとって必要不可欠なリテンションマーケティング

外来患者には、「新規患者」「再診患者」の2つが存在しますが、リテンションマーケティングでは、「患者との関係維持」にあたります。リテンションには、「維持」や「保持」という意味があり、一度でも来院された患者さんと継続的に良好な関係を維持していくためのマーケティング活動となります。つまり、患者さんの流出率を下げるための活動ともいえます。

一般企業では、キャンペーンの案内やイベントの招待、メルマガやDMの配信、アフターサポートなどの施策を効果的に行い、サービスの継続や商品の再購入を促進します。

①患者ロイヤリティを高め、ＬＴＶを向上させる

患者さんの来院頻度によって患者ロイヤリティの度合いが異なってきます。患者ロイヤリティが高まってくるとクリニックのファンになりやすく、その結果、良い口コミが増えることも期待できます。院長やスタッフにとってもロイヤリティの高い患者さんは接しやすく、ストレスも軽減できる傾向にあります。このように、ＬＴＶを高めるためには、患者ロイヤリティの向上が欠かせません。

鍵は、以下のような取り組みで、患者満足度向上を高めることです。

- 待ち時間対策としての、予約システムや順番表示システムの導入
- 院内で健康相談会を企画、開催
- 患者さんとのコミュニケーションの充実
- 受付や看護師の対応などの、サービスの質改善

②流出可能性患者、流出患者にアフターフォローを徹底する

今まで通院していたのに、急に中断したり、「適正来院周期」を守らなかったりする患者さんが多く存在します。こうした患者さんを見つけ出し、その患者さん1人ひとりに合わせてアフターフォローすることで再受診していただける可能性が高まります。

「でも、そもそも流出患者は、自院が嫌になったから、あるいは、不満があるから来院しないのではないのでは？」

そう考えて、それらの患者さんに何らかのアクションを起こすことに抵抗を感じているドクターも多いかと思います。

しかし、次ページ図のアンケート結果のグラフからもわかるように、「患者さんの自己判断」「通院を中断したので行きづらい」「これまで、家族に車で送ってもらっていたが、家族が転勤になり通院手段がなくなってしまった」など、必ずしも自院のことが嫌いになったから来院しなくなったわけではないケースが多いのです。これらの患者さんは、アフターフォローを行うことで戻ってくる可能性があります。

そのために、自院でアフターフォローの仕組みを作ることが必要です。以下のようなフォローが考えられます。

❶流出患者、流出可能性患者の中で、フォローすべき患者さんをピックアップする。
・どの疾患、もしくはどの診療行為に注目するか？
↓慢性疾患、ロイヤリティの高い患者さん
↓症状が出にくい、痛みがない疾患は、流出しやすい。
❷対象患者ごとにフォロー手段（電話、はがき、メール）を決める。
❸どのタイミングでフォローするかを決める。
・流出患者、流出可能性患者または1回きり患者
❹フォロー担当者を決め、フォローを実行する。
❺リストを管理する（対象患者が来院したらリストから外す）。

弊社は、あらゆる診療科のクリニックにリテンションマーケティング導入のお手伝いをしてきました。その経験から、各診療科目別の院長からお聞きした

【流出患者ヒアリング調査】

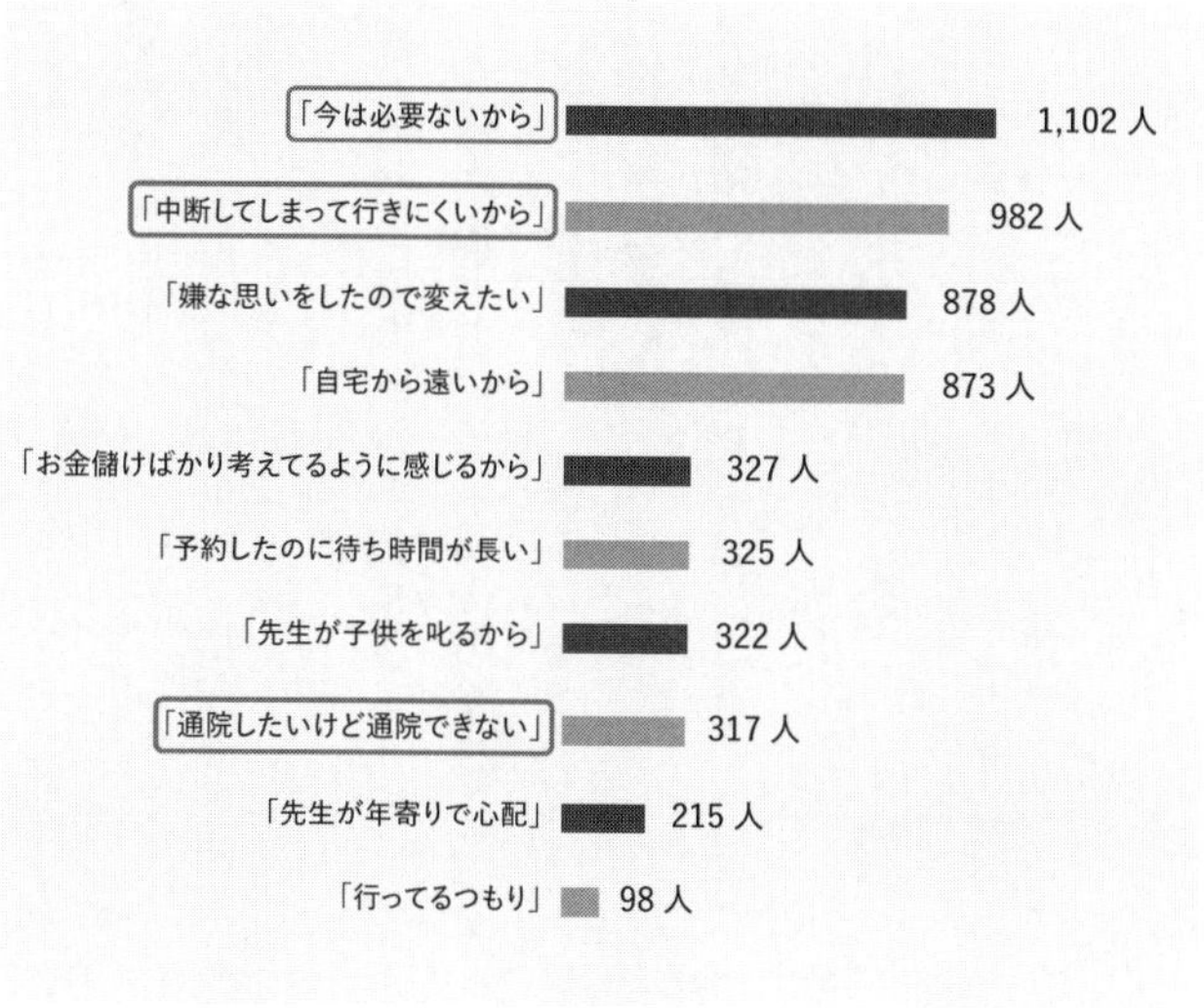

【来院後のフォロー手法とレスポンス率】

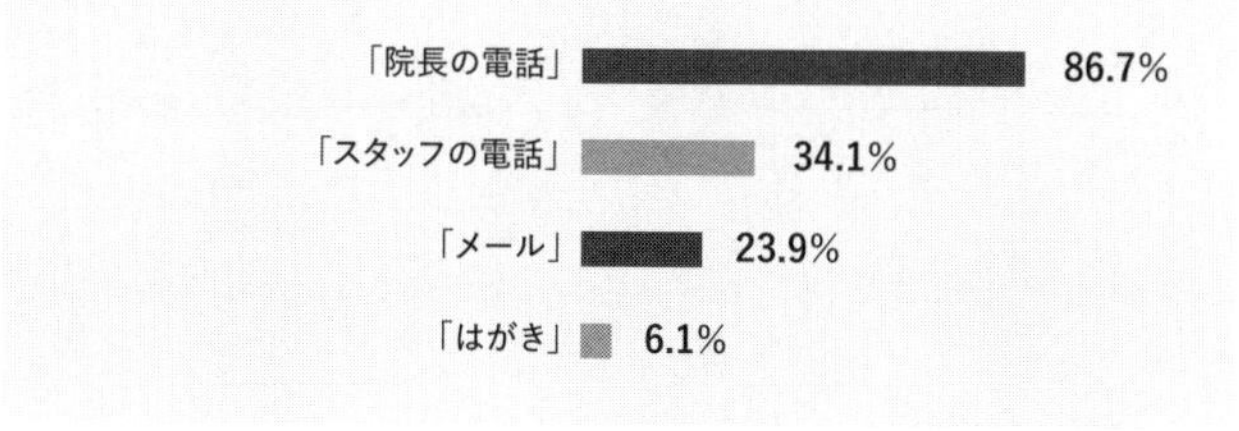

フォロー対象患者さんをご紹介しておきます。

代表的な例

・一般内科：生活習慣病全般、特定疾患療養管理料を算定している患者さん
・呼吸器内科：喘息
・消化器内科：定期的な内視検査
・眼科：緑内障、白内障手術後の検査
・整形外科：骨粗鬆症、リウマチ
・皮膚科：尋常性乾癬
・耳鼻咽喉科：舌下免疫療法

うばう（新規患者を獲得する）

そもそも新規患者を集めることは、難しい

「もどす」「なくす」に続くのがこの「うばう」です。

集患・増患を考えた場合、患者さんのリピート率を向上させるより、新規患者を獲得する方が難しいと言えます。

その理由は、次の3つです。

①限定された診療圏内で新規患者を集めるには限界がある。
②かかりつけ医制度がある。
③広告規制がある。

①限定された診療圏内で新規患者を集めるには限界がある

患者さんが来院される範囲を診療圏と呼んでいますが、都市部は、半径500m～1km前後、郊外なら半径2～4km前後と言われています。

内科以外の診療科目でその地域に不足している診療科の場合、もう少し広範囲となりますが、他業態と比較して予想以上に医療機関の商圏は狭く、その範囲の中で競合医院と患者さんの奪い合いをしているのが現状で、集められる新規患者さんには限界があります。

②かかりつけ医制度がある

かかりつけ医制度とは、ご存じの通り、診療を受ける身近な医師を患者さんごとに持ってもらう制度です。まずは、かかりつけ医を受診し、必要に応じてかかりつけ医が専門医や専門機関を紹介することで、地域完結型医療を目指します。

高齢化社会に突入した日本は、今後ますます医療需要が見込まれることから、厚生労働省は、かかりつけ医制度を推進しています。もうすでに高齢の患者さんは、かかりつけ医を決めているケースが多く、そういった患者さんを自院に切り替えてもらうことは、スイッチングコストと言って変更することで生じる心理的不安も生じさせるため、そんなに簡単なことではありません。

③広告規制がある

医療機関には、医療法に基づく広告規制があります。

具体的には、ウェブサイトに掲載する情報として、治療内容または治療効果に関する体験談、詳しい説明を付さない治療前・治療写真の掲載、他の医療機関と比較する比較有料広告、誇大広告、合理的な根拠なく効果・効能を表示する広告等を禁止しており、ウエブサイト以外の広告については、医療法6条で認められた広告可能事項（26項目）のみ掲載が可能、と広告事項を制限しています。

他業態と比べて医療機関の広告、広報戦略は、医療法で認められた範囲で検討せざるを得ず、打ち手が限定的になります。

効果的な集患戦略

それでも新規患者を集めたい！

新患率の高い産婦人科、皮膚科、小児科の診療科については、ある程度、継続的に新規患者さんを集めていかなければなりません。もちろん、開業前に診療圏調査を行い診療需要が見込める地域で開業されていると思いますが、それでも競合医院の出現により、新規患者を集めることが困難になっているクリニックも多いかと思います。

新規患者獲得のための集患手法

新規患者を獲得するための手法として、以下のようなものがあります。

ホームページを活用する

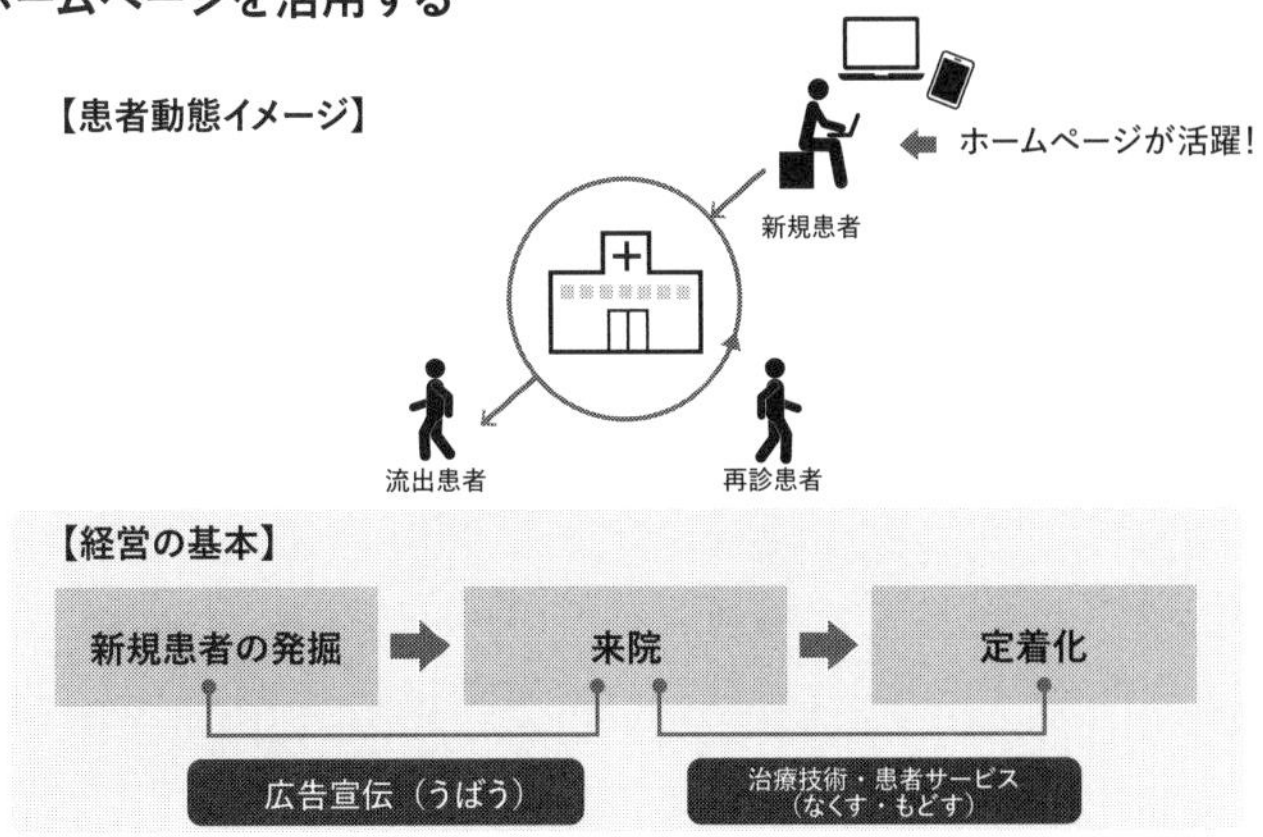

（オフライン）

❶屋外広告

❷バス広告、タクシー広告

❸健康セミナーの開催

❹営業活動（老人保健施設、サ高住、訪問看護ステーション）

❺連携活動（診療所、病院）

（オンライン）

❶ホームページ（HP）のリニューアル

❷SNSの活用

この中でも、欠かせないのがホームページ（以下HP）です。

今や、来院される患者さんの約9

ネット検索のされ方

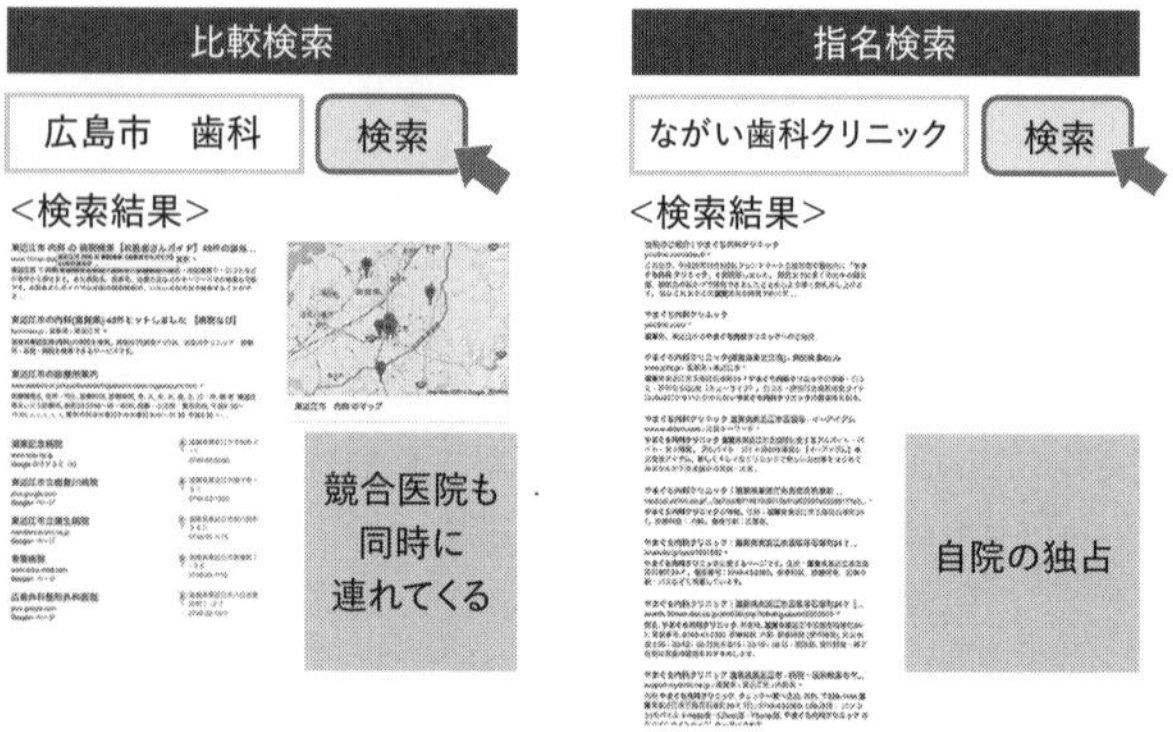

割が受診する前にＨＰを閲覧するというアンケート結果もあり、ＨＰは集患のツールとして必須となります。

ＨＰは、新規患者を発掘する役割を担います。

HPを作成するにあたっての留意点

患者さんがネットで医療機関を検索する場合、以下の2通りの検索方法があります。

その2つの検索方法についての特徴を理解することが重要です。

①比較検索（一般検索）

診療圏内で患者さんが医療機関を探している場合、「地域+科目名」（「地域+症状」）等で医療機関を検索するのが一般的です。その場合、検索結果の上位に表示されなければ自院のHPにアクセスしてもらえません。上位に表示されるには、SEO対策（検索エンジン最適化）を行う必要があります。

そのためには、患者さんが求めている情報「疾患に対してわかりやすい説明」「得意な治療法」「医師のプロフィール」「診療時間」「診療科目」「アクセス」等、何らかの悩みを持っている患者さんに適切な情報発信ができているかどうかが鍵となります。

また、最近では、患者さんがインターネットを通じて、医療機関に関する情報を検索する機会が増え、都市部では、SEO対策を行っていても、なかなかHPにアクセスしてもらえないケースも増えつつあります。その対策として、「Googleビジネスプロフィール(※1)」の無料登録や「リスティング広告(※2)」を積極的に利用しているクリニックは新規患者を獲得している傾向があり、検討に値するかもしれません。

※1　Googleビジネスプロフィール…Google検索やGoogleマップなどに表示される自院の情報をビジネスオーナーの院長が管理できるツールです。

※2　リスティング広告…検索キーワードやユーザーの属性に合わせて表示される広告のことです。例えば、内視鏡専門クリニックであれば、「内視鏡検査」場所が東京都港区であれば、「港区」といったキーワードで検索した場合、上位に表示されるので、クリックされやすいので、そのため来院につながる可能性が高くなります。

②指名検索

一般的に指名検索とは、企業名や店舗、商品名といった固有名詞をキーワードとして使う検索方法です。医療機関の場合は、クリニック名をキーワードとして検索されるので競合医院と比較される可能性も少なく、検索エンジン側のルール変更の影響も受けにくく、来院や来院予約につながる確率が高まります。

指名検索を増やすために意識すること

指名検索を増やすには、以下の2点が重要です。

❶患者さんとの接点を増やす
→患者さんが目にする媒体にＨＰに誘導するための情報を掲載する。
例）診察券、チラシ、看板、院内広報誌等

❷ＨＰに誘導する

↓　来院経路の動線を考える。

患者さんが、どういう経路をたどって自院に来院されたのかを把握することが重要です。

ほとんどの患者さんが、クリニックを知った最初のきっかけが看板、チラシ、電柱広告、紹介であったとしても、来院前にＨＰでクリニックを確認しているケースがほとんどです。

そして、その次のアクションは、電話で問い合わせをするか、ネット上で予約が可能なクリニックの場合は、ＨＰで予約を行い、予約日に受診をするでしょう。

電話で問い合わせされた患者さんは、症状に対して診察してもらえるか？初診の際、予約が必要か否か、アクセス等、クリニックの情報について問い合わせをするケースも多く、問い合わせに対する電話応対の印象次第で来院につながらないケースもあり、問い合わせに対するマニュアルを作成して全スタッフが同じような応対ができるようトレーニングしておくことが重要です。

ホームページ制作会社の選び方

たいていの院長は、開業時にコンサルタントから勧められたＨＰ制作会社に発注し、ＨＰを開業前に公開していますが、お金をかけた割には思うように集患につながっていないＨＰも数多く存在します。これまでたくさんのＨＰ制作会社とお付き合いした経験から、失敗しないためのＨＰ制作会社の選び方をお伝えします。

（失敗しないためのポイント）

❶制作会社の実績
・自院と同じ診療科目、同じような診療圏での実績があるか？

❷担当者との連絡や相談は、随時可能か？
・その手段は、電話、メール、面談のいずれか？

❸ＨＰ制作後のアフターフォローはあるか?
・こちらの期待（ＨＰアクセス、コンバージョン）に満たない場合の対応について
・ＨＰ更新、修正、改善、コンテンツの追加の際の費用、時間
・アクセス解析を行ってくれるか?
・改善のアドバイスはあるか?

❹費用対効果について
・ＨＰ制作の費用をどれくらいの期間で回収可能か？　数字で示してくれるか？（予測外来患者数を提示してくれるか？）

❺納期はしっかりと守ってくれるか?

大事なことは、そのＨＰ制作会社に依頼したら集患の目的が達成されるのかどうか、です。

それを評価するには、ＨＰによって集めたい新規患者数の目標に対して、必

要なアクセスＰＶ、ユニークユーザー数等の提示や診療圏、競合医院の集患力、院長の専門性やクリニックの強みを考慮したうえで、目標値をクリアできるか？　を精緻なリサーチ結果に基づいて提案してくれるかどうか、です。

また、目標値に届かなかった場合の対応についても、しっかり言語化してくれるＨＰ制作会社を選択すべきであると思います。

集患・増患の事例　A内科医院の場合

とあるクリニックの院長は、コンサルタントからの提案を断り、代わりに弊社でコンサルティングを請け負うこととなりました。そこで弊社が取り組んだ事例をご紹介します。取り組んだことは以下のとおりです。

①現状分析
②リテンションマーケティングの実施
③新規患者獲得（HPのリニューアル）

①現状分析（レセプト分析・社保、国保）

現状分析についてですが、株式会社キープの永井孝英社長が開発した「ペイシーメール」というツールがあります。これは患者さんの受診状況を記録し、

ペイシーメールの分析画面

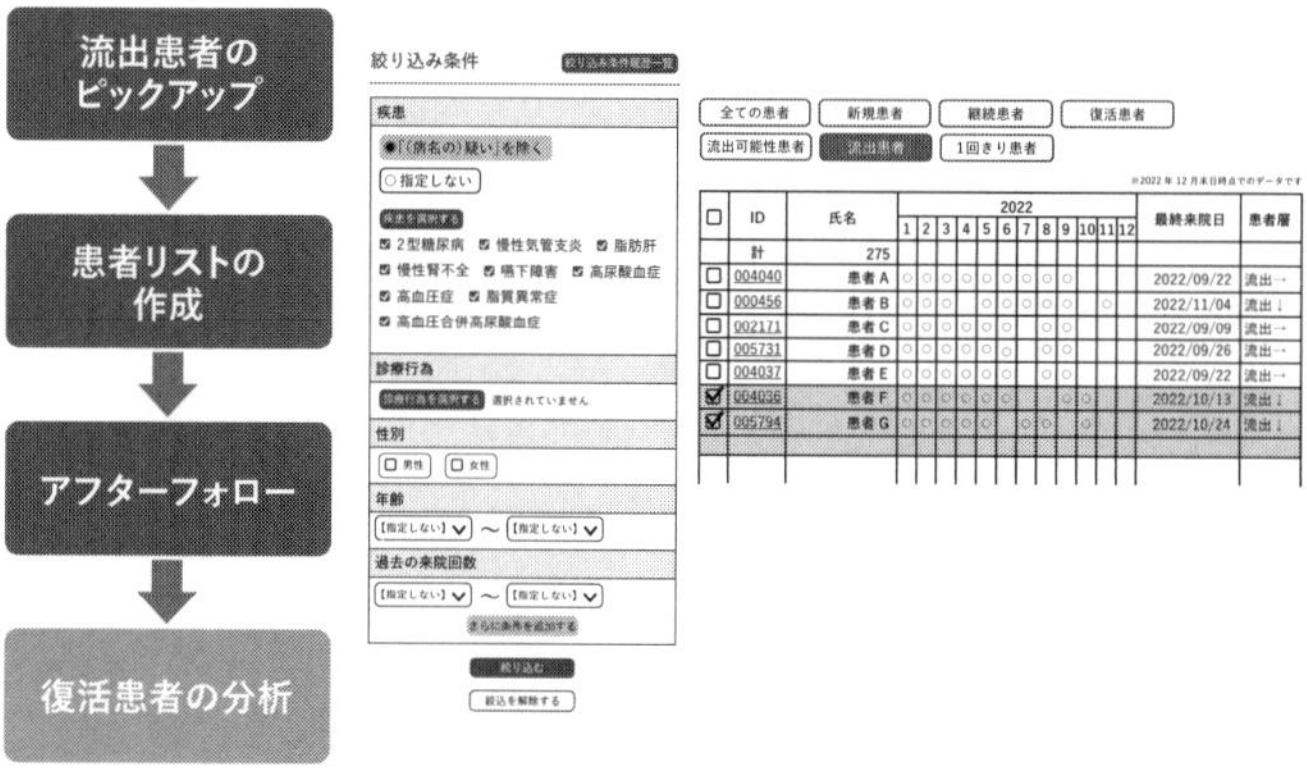

こなくなった患者さんや継続的に受診している状況などを詳細に分析できるツールです。

まずはこれを用いて、来院患者経営分析（疾患別内訳、来院履歴、レセプト単価、流出患者数等）を行いました。

②リテンションマーケティングの実施

分析結果から、生活習慣病患者の流出率が多いことが判明しました。新規患者を獲得する前に、まずは過去に来院された患者さん、及び現在来院中の患者さんに対し、通院を中断せず、継続して受診してもらえるようにするための対策を講じました。以下のような流れです。

❶生活習慣病患者の流出率が多いことが判明。
❷資金的にあまり余裕がないこともあり、生活習慣病患者さんを戻すことを優先した。
❸その中から戻したい患者だけをピックアップしてリストを作成。
❹週1回水曜日の夜の時間帯に院長自ら電話でフォロー。
❺電話に出ない患者さんには、はがきを送る。
❻戻ってきたか、どうか、月1回、ペイシーメールにて確認する。
❼ペイシーメールの結果に基づきリストを管理する。

③新規患者獲得

リテンションマーケティングを実施したことにより、一定の成果を上げることはできましたが、院長が目標とする実患者数には、1日あたりの外来患者数で約10～15人足りないということで、新規患者数を増やす必要があると判断しました。

そこで、さまざまな集患手法の中で即効性もあり効果計測ができるという点で、ＨＰのリニューアルを検討しました。

現在のＨＰは、開業時に先述のコンサルタントから勧められたＨＰ制作会社に依頼したＨＰでしたが、そのＨＰ制作会社に制作後の運用も任せているが、全くフォローもなくＨＰが機能しているかどうかもわからないということでした。

そこで弊社が提携しているＨＰ制作会社に、現在のＨＰを診断してもらいました。

診断の結果、以下のような点がわかりました。

・新規患者獲得のためには、現状のアクセスＰＶ：５５００、ユニークユーザー数：２２００とも不足している。
・院長が専門とする上部内視鏡検査、外科的な処置等の説明ページがないことで、院長が対象としたい患者さんを集められていない。

他にも改善点も多いことから、以下の点をヒアリング及びリサーチした上で、HPを一からリニューアルした場合、どの程度HPから新規患者の獲得が可能か診断してもらいました。

・院長の専門性
・来院してほしい患者さんの属性、疾患
・診療圏内の患者ニーズ
・ネット上での競合医院の集患力

その結果、院長の専門性（強み）を訴求できるページを作成することができれば、HPの訪問者数増加及びHPに訪問者からの問い合わせ増（コンバージョン率を高める）が可能であり、目標値として新規患者数を1日あたり1人から2人、月間約20人程度を増やすことは実現可能ではないかという結論にいたりました。

この制作会社は以前にも弊社の顧客を紹介し、そこでも成果を上げた実績が

ホームページ効果　2021年2月～2021年12月

	【before】	【after】
平均外来患者数（月平均）	368名	563名（153％増）
新規患者数（月平均）	52名	92名（177％増）
生活習慣病外来患者数（月平均）	287名	403名（140％増）
新規生活習慣病外来患者数（平均）	18名	26名（140％増）
診療単価	6,452円	6,631円（+179円）
月平均診療収入（保険収入）	3,383,216円	5,431,766円（161％増）

あることから、院長を説得し、ＨＰのリニューアルをこの制作会社にお願いすることにしました。

このＨＰ制作会社は、院長の専門性や強みに合わせて、比較的にネットを通じて集めやすい胃カメラ、粉瘤、巻き爪等の説明ページや、院長の希望で、集めたい生活習慣病の患者さんにアピールするために健診のページを充実させるコンテンツを作成しました。

結果、月間ページビューは大きく伸び、それに応じて上の図のように新規患者数も激増する結果となりました。

集患・増患とともに大切なこと

顧問税理士、コンサルタントから受け取った会計資料や経営分析表を眺めていても何も変わりません。集患・増患を実現するためには、原理原則に基づいた正しい順序で、正しい内容の施策を実行する必要があります。難しい経営理論や経営戦略を勉強することではありません。集患・増患の原理・原則は、いたってシンプルです。このことについて、集患・増患マーケティングの専門家である株式会社キープの永井社長から、約2年間一緒にビジネスをしていく中で、多くのことを学ばせていただきました。

また、集患・増患を考える場合、一方で院内のオペレーションにも気を配ることも重要です。

集患・増患の効果が表れて、患者さんが増加していくことをただ喜んでいるだけではいけません。増加していった時、受付から診察、会計までのオペレーションをこれまで通り円滑に行う必要があり、そのためには、スタッフ全員の協力が必要不可欠となります。

A内科の場合、ベテランの看護師、事務長の2人の存在が院長を支えました。

ベテランの看護師は、看護師としてのスキルはもちろんのこと、周囲に対する目配りや配慮、根回しなどにも長け、元々リーダーとしての素養もあったことから、院内でリーダーシップを発揮し後輩看護師の指導・育成をしながら現場を統括してくれました。また、事務長は、開業時から院長が苦手な業務を率先して引き受け、院長が診療に専念できるよう陰ながら院長をサポートしてくれました。

開業期に患者数を増やしていくことは望ましいことですが、患者数の増加に応じた診療体制を再構築していく必要が生じます。そこに配慮が足りず、患者数は増えたけどスタッフが忙しくなりすぎて疲弊し、ストレスを感じてしまい、離職してしまう、ということもよくある話です。

経営指標をモニタリングする

開業後、事業計画に基づいてクリニックを運営していきますが、事業計画通りうまくいっているかどうかを確認するために、日々客観的な経営指標をモニタリングすることが重要です。ここでは、院長先生にとって知っていただきたい3つのポイントをご紹介します。

ポイント① 損益分岐点を理解する

まず、どんな事業にも必要な、基礎及び基本となる指標が損益分岐点です。損益分岐点は、会計や経営学の用語で、固定費用と変動費用を基に計算される指標の一つです。具体的には、企業の売上高と費用がちょうど釣り合う、利益が0となる地点（売上、数量、費用）をいい、この点に達する売上高のことを損益分岐点売上高といいます。売上（医業収益）がこの点を超えると企業は

損益分岐点の計算式

$$損益分岐点（売上高）= \frac{固定費}{1 - \frac{変動費}{売上高}}$$

利益を上げることができ、この点未満では損失が生じます。言い換えれば、クリニック経営が成り立つための最低限の収入金額と言えます。

損益分岐点を下回る売上が予測される場合、企業は利益を上げるための戦略を考慮する必要があります。反対に、予測される売上が損益分岐点を大きく上回る場合、企業は投資や拡大を検討することができます。

損益分岐点は、上の式で計算できます。

なお、個人クリニックの損益分岐点を計算する場合は、個人の生活費などの支出を加味して計算する必要があります。

クリニックの損益分岐点の求め方は以下のとおりです。

手順1：経費を「固定費」と「変動費」に分ける

固定費とは、売上の増減に関係なく発生する費用（人件費、リース料、水道光熱費、減価償却費など）をいいます。一方、変動費とは、売上の増減に伴って増減する費用（医薬品費、診療材料、消耗品、検査等の委託費など）などです。まずクリニックの費用をこの2つに分類します。

手順2：変動比率を求める。「変動費率＝変動費÷医業収益」

前述の公式に従って、変動費率を求めます。

手順3：損益分岐点売上高を求める「固定費÷（1－変動費率）」

前述の公式に従って、損益分岐点売上高を求めます。

手順4：黒字になるための1日あたりの患者数を求める
損益分岐点売上高の医業収益÷患者単価÷診療日数で、1日あたりに必要な患者数が求められます。

年収は患者数で決まる

手順4で、1日の患者数に落とし込んだ意味をもう少し説明しましょう。
1日の外来患者50人が損益分岐点で、すでに損益分岐点を突破しているクリニックを例にします。

診療単価：5800円　原価率：10・3%　利益：5200円

損益分岐点をクリアしていますから、上記の原価率に含まれる原価は変動費、つまり、5800円の診療単価を得るための診療に要する変動費のみとなります。つまり、損益分岐点を超えた地点からは、その変動費を差し引いた5200円が、1患者ごとに利益としてどんどんプラスされていくということです。

例えば、1日の患者が5人増えると、

＝5200円×5人で26000円UP、

さらに、1カ月で

＝26000円×23日59万8000円UP（月の診療日数を23日で計算）

1年で59万8000×12カ月717万6000円UP

となります。

このように、1日の患者数が5人増えるだけで、税引き後の手取り額は、年間約322万円アップします（税率55％の場合）。

クリニックの収益構造は、固定費中心です。したがって外来患者数が損益分岐点を突破しているクリニックは、業務の効率化を図り、いかに外来患者を増やせるかが、利益を大きく伸ばすためのカギとなります。

ポイント②月次で把握したい経営指標

損益分岐点は一般的な事業にでも当てはまる基礎的なものでしたが、クリニックとしてより重要となるポイントは②と③です。

指標としては、以下の数値は特に押さえておきましょう。

- ・保険点数
- ・自費金額
- ・レセプト枚数
- ・レセプト単価
- ・新規患者数（新患率）

ポイント③ ＫＰＩ（重要業績評価指標）

ＫＰＩというのは、計画における目標数値のことをいい、役割は、目標までの達成度合いを明らかにすることです。

クリニックが目指す目標やビジョンを達成するために、では具体的にどういった数値を達成すればそれが実現できるのか、日次、月次、年計ではどうなのか。具体的な数値に落とし込んで、その数字を意識することが重要で、そのための指標となります。

適正かつ効果的なＫＰＩの設定のためにも、ポイント②のような指標のチェックがかかせません。

ＫＰＩは、自院にとって最も収益に貢献する診療行為及び院長の専門性が生かせる疾患を考慮して設定することが重要です。例えば、慢性疾患の患者さんのリピート率が収益の中心になりやすい内科や整形外科は、特定疾患療養管理料、リハビリテーション料を算定した件数を重視します。また、急性疾患の多い小児科、耳鼻咽喉科、皮膚科は、新規の患者数、新患率、レセプト単価といった基本的な指標でも良いかと思います。

ＫＰＩを何に設定するかは、クリニックによってそれぞれ異なってくると思いますが、診療科目ごとに傾向もあります。私どもが担当しているクリニックが設定しているＫＰＩを3例だけご紹介します。

❶眼科の場合

・緑内障の患者数

・白内障の手術件数

＊緑内障の患者さんが途中で流出することが多いので3カ月ごとのリピート率をチェックしている。

❷生活習慣病内科の場合

・糖尿病、脂質異常症、高血圧症の患者数と新患率

＊生活習慣病の患者さんが途中で流出することが多いので最終来院日から3カ月経過しても、来院しない患者さんをチェックしている。

❸消化器内科の場合

・下部内視鏡検査件数とポリペク率

・新患率

＊上部検査の診療単価は約2万円で、下部検査＋ポリペクは、約10万円である。収益を考えた場合、下部検査件数を増やせるかが課題。

＊また、新規患者数を重視している。理由は、一般的に定期的な検査をすすめるクリニックが多いが、一度ポリペクトミーを行うと、次の検査で

手術の確率が低くなるため（ポリペク率が減少する）。

ＫＰＩの見直しが必要になることもある

ある消化器内科クリニックの話ですが、院長は病院勤務時代、内視鏡検査の研鑽を積んできた経験から、開業したら地域の患者さんに内視鏡検査を積極的に勧め、胃がん、大腸がんを早期発見、早期治療に努め、がんで亡くなる患者さんを１人でも多く救いたいという理念のもとに消化器内科を開業しました。このため、自院のＫＰＩとして院長は、内視鏡検査件数やポリペク率を設定していました。

ところが、開業してみると急性疾患や生活習慣病の患者さんも多く、目標としていた内視鏡検査の件数をこなすことができなくなりました。また、外来患者数が予想以上に多く、内視鏡検査も数カ月先まで予約が埋まってしまい、患者さんを待たせるような状況が発生してしまいました。

収益的には問題ないのですが、自分が目指していたクリニックのコンセプトとは違ってきていることに院長は違和感を覚えていました。
その地域は、もともと内科医院が不足していて一般内科としての需要が強い地域でした。
その点ではこうなってしまうことも致し方ない部分はあります。しかし、実際の外来患者とターゲットとしている患者層のミスマッチが生じていることは事実です。これがＫＰＩで判断できます。

このクリニックの打開策は、二つしかありません。一つは、消化器内科の専門医か生活習慣病の専門医もしくは一般内科（総合医）のドクターを非常勤で雇用し、院長が今まで通り診療を行いながら、消化器疾患や生活習慣病をはじめ、急性疾患の患者さんを非常勤医師に任せるという二診体制を作ること。つまり診療のキャパを拡大し、従来のＫＰＩ達成を目指す道です。もう一つは、そもそものＫＰＩを見直し、地域の診療ニーズに合った指標を再設定することです。

このように、実際に開業してみると、院長自身が考えていた通りにはいかないケースも出てきます。その場合には、もう一度、ご自身の目指したいことと地域の診療需要などの状況を照らし合わせ、自院のＫＰＩを修正することも大事です。

【タックスマネジメント編】法人化の目的とは？

法人化のメリット

開業が順調に進み、患者数が確保され、所得が増えていくと、可処分所得をどう確保するかという問題が起こります。その際に考えなければならないのは、節税です。

結論から申し上げると、最も効果的な節税の方法は、医療法人化することです。

個人事業主の場合、所得が増えれば増えるほど税率が高くなっていきます。というのも、個人は、累進課税制度のため最高55％（所得税＋住民税）になります。これに対して法人税は、利益に対して2段階税率で、利益800万円

医療法人と個人の税率の違い

所得税+住民税（個人）

課税される所得金額	税率	控除額
195 万円以下	15.11%	0 円
195 万円を超え 330 万円以下	20.21%	99,547 円
330 万円を超え 695 万円以下	30.42%	436,477 円
695 万円を超え 900 万円以下	33.44%	649,356 円
900 万円を超え 1,800 万円以下	43.69%	1,568,256 円
1,800 万円を超え 4,000 万円以下	50.84%	2,854,716 円
4,000 万円超	55.95%	4,896,716 円

（給与のみの所得の場合、103 万円までは所得税 0 円）

法人税

法人の課税所得（≒利益）	実効税率
800 万円以下の部分	約 18%
800 万円超の部分	約 27%

以上は一定の税率となるため、大きく稼ぐほど法人の方が有利となります。

また、個人事業主は、家族に対して専従者給与以外の給料を支払えませんが、法人には、そういった制限はありません。これを利用し、配偶者や両親、兄弟、親類などを役員にして1人当たりに支給する給料を所得控除額までの範囲内にしておけば、100％の控除で給料を受け取ることができます。

このようにして個人事業主時代に院長に集中していた所得を家族に分

配することが可能です。また、法人で認められている経費制度を活用すれば個人時代よりも経費の幅も広がります。

法人化のメリットにはそれ以外にも、事業の拡大（分院展開、介護事業の参入、他のクリニックのＭ＆Ａ等）、事業承継しやすい（Ｍ＆Ａ等、第三者承継）、相続対策（親族承継の際、相続税がかからない）などもありますが、主たる目的は、所得分散による節税効果にあると言っても良いと思います。

法人化の目安

・医業収入（保険診療）５０００万円以上、課税所得１５００万円（家計所得　約２０００万円）以上になりそうなら、考えたほうが良いでしょう。

「医業収入（保険診療）５０００万円以上」の根拠は、租税特別措置法26条の優遇制度によるものですが、後ほど説明します。

法人化シミュレーション

では、実際に法人化した場合の、キャッシュフローのシミュレーションをしてみましょう。とある条件で、家族のライフプランも加味した上で試算したものが次ページの図です。

条件は人によって異なると思いますが、違いが現れるポイントとしては左記を押さえることが大切です。

・医療法人の法定福利費（協会けんぽ、厚生年金等）の増加額
・院長及び家族の社会保険料負担増減額
・個人時代の家計費の支出（生活費、子どもの教育費、住宅ローン等）は、給与収入（可処分所得）の範囲内で賄えるか？　なおかつ法人に利益（最低800万円程度）を残せるか？

医療法人化による節税シミュレーション

●所得 1500 万円

	利益	税金	手取
院長先生	1,500	470	1,030
奥様	500	62	439
合計（万円）	2,000	532	1,468

●医療法人

	利益（所得）	税金	手取
先生	800	121	679
奥様	500	62	438
医療法人	700	126	574
合計（万円）	2,000	309	1,691

▲223 万円

基本的な考え方として、前述の通り、法人の方が税率を低く抑えられるため、法人化直後は、法人に利益を残すことを優先すべきでしょう。

また、昨今のコロナ禍でご存じのように、クリニックの経営において何が起こるかわかりませんから、不測の事態に備えて法人にある程度の内部留保を確保しておくことは大切です。

かといって、院長家族の生活が窮乏することも問題です。そのバランスを見ながら、時期を見定めることが重要です。

法人化を慎重に検討した方が良いケース

法人化する目安を説明しましたが、クリニックによって条件は千差万別です。同じ医業収入、家族構成であっても、場合によっては異なる結果を生むこともありますので、状況判断をしっかりすることが大切ですが、特に左記のような場合は慎重に検討する必要があるでしょう。

・直近で多額の支出が必要な場合（子どもの学費、自宅購入等）
・借入金が多額にある場合
・どんぶり勘定（個人とクリニックのお金の区別がついていない）

これまで私は、法人化の失敗事例にも数多く遭遇してきました。その中で、医療法人化に失敗するケースは、以下の4つに分けられます。

①設立するほどのメリットがない（節税できない、借入金が多額でキャッシュフローが悪化する）

所得分散（法人と役員）ができるほどの所得がない場合や、個人で返済しなければならない借入金が多額にあり、法人に利益を残せるほどの余裕がない場合は、まずクリニックの医業収入の見通しを立て、個人出費の見直しをしっかり行うことが先決です。

②手続き書類に不備があり、都道府県のスケジュール通り設立できない

法人化する際には、設立認可申請書ほか関連書類を、都道府県が定めた期限内に不備なく都道府県に提出する必要があります。これが滞るとスケジュール通りに設立ができなくなり、節税面でもマイナスになる場合があります。

また、認可後も個人診療所の廃止手続き、保険診療の切り替えの手続き等、いくつもの手続きを行う必要があります。

③個人事業時代の借入金の引継ぎができない

借入金の引き継ぎはなるべく法人に引き継がせるのがポイントです。個人事業のときに、設備投資のため個人で借入れしたお金があるのが普通です。その借入金で取得した医療機器や内装設備等を医療法人に拠出している場合、この借入金を法人に引き継ぐことができるとされています。

ただし、借入金には、引き継げるものと引き継げないものがあります。

引き継げるもの：設備資金（内装工事）医療機器等
引き継げないもの：運転資金、その他買掛金

さらに、債権者（金融機関）及び役所の承認を得なければ引き継ぎができません。その際には、左記のような書類が必要になります。

・負債残高証明書
・債務引き継ぎ承認願い

・金銭消費貸借契約書
・返済計画表（法人）、事業計画書
・借入残高の明細書

④手続き上のミスで医師国保、歯科医師国保が継続できなかった

本来、法人設立時には、社会保険（健康保険、厚生年金）に加入する必要がありますが、個人事業時代に健康保険（医師国保、歯科医師国保）に加入していた場合には、その健康保険（医師国保、歯科医師国保）については、法人化後に引き継ぎ可能です。

医師国保、歯科医師国保を継続するためには、申請期限内に年金事務所に適用除外承認申請書を提出しなければなりません。私の知る限り、手続きに失敗した原因の大半は、院長の医療法人に関する理解不足と、専門家の選定ミスによるものです。

ほとんどの先生方は、日頃お付き合いがある顧問税理士さんに法人化の手続き等を依頼しますが、仮に顧問税理士さんが医療専門だからといっても安心で

きません。なぜならば、医療法人の設立手続きは、担当者の実務経験がものを言うからです。

失敗しないためには、丸投げしないで、設立を安心して任せられるかどうかを見極める必要があります。

法人化に際しての留意点

開設の時期はいつが良いか？

都道府県に申請をした後、認可が降りるまでにはおおよそ半年程度かかります。

法人認可後、法人開設しますが、この開設時期は、認可後1年以内であれば、自分で選べます。開業初年度は、個人事業時代の確定申告と、開業後の決算の両方が発生する可能性がありますが、開業月をいつにするかによって、節税額が変わってきますので注意が必要です。

個人事業主に対する税制優遇措置として、「租税特別措置法26条」というものがあり、医業収入（社会保険診療＋自由診療収入）が7000万円以下かつ社会保険診療収入5000万円以下の場合、実際経費の金額によらず、一定率の経費算出が認められています。

これを活用すれば、仮に4月に法人化する場合、当年度の1～3月は個人事業としての営業ということになりますから、月の保険診療収入が1000万円だったとすれば、1000万×3カ月分＝3000万円の7割程度が個人事業の経費として認められることになります。

このように、法人化の時期もちゃんと検討した上で決めるべきです。

決算月は何月が妥当か？

個人事業の場合は「12月締め、1月始まり」として決まっていますが、法人は決算期を自由に決められます。

この決算期は、閑散期にするのが理想です。なぜなら、納税予測と決算対策を行いやすいからです。

個人開業医の特例適用（租税特別措置法 26 条）

医業収入（社会保険診療＋自由診療収入）が 7000 万円以下かつ
社会保険診療収入 5000 万円以下の場合、実際経費の金額によらず、
以下の算式により経費の金額を算出することが認められています。

社会保険収入（A）	算式
2500 万円以下	（A）× 72%
2500 万円超～ 3000 万円以下	（A）× 70% ＋ 50 万円
3000 万円超～ 4000 万円以下	（A）× 62% ＋ 290 万円
4000 万円超～ 5000 万円以下	（A）× 57% ＋ 490 万円

（例）2 月認可、4 月に法人を開設した場合
1 ～ 3 月の医業収入は 3000 万円（保険診療のみ）

（措置法を適用した場合）

3000 万ー 2150 万円（必要経費）＝850 万円（課税所得）

850 万 × 23%（所得税率）ー 63 万（控除額）＝132 万（税金）

（実際経費で計算した場合）

3000 万ー 1500 万円（実際の経費）＝1500 万円（課税所得）

1500 万 × 33%（所得税率）ー 153 万（控除額）＝342 万（税金）

（節税効果）

342 万（実額）ー 132 万（措置法適用）＝210 万円（節税額）

役員、社員の選定

以下のように設定すべきです。

・役員3＋1　（理事長1名＋理事2名と、監事1名は第三者）
・社員（最低3名以上　職員ではなく、社員総会で議決権を持つ人）
＊都道府県によって監事を除く役員の3名は、親族でもOKの場合があります）

社員の選定は、院長、院長の配偶者，院長の親族の計3名というケースが多いかと思いますが、院長以外の他もう1名は、必ず自分の味方についてくれる人を据えるべきです。大きな声では言えませんが、院長の配偶者は最大の味方でありながら、そうでなくなる可能性もゼロとは言いきれません。最悪、理事長自身が解任されるケースもなくはありません。最悪のケースも想定しておいた方がよいでしょう。

設立費用は妥当か？（80～120万円）

お願いする税理士さんや行政書士さんによると思いますが、大体80万～90万円ぐらいが相場だと思います。もっとも金額には幅があるので、高めだと100万～120万円のところもあります。

「基金拠出型医療法人」に関する留意点

平成19年4月以降、医療法人は基金拠出型医療法人（持ち分の定めのない医療法人）しか設立できなくなりました（既存の医療法人〈持ち分あり〉には、経過措置が適用され、当分の間、存続が認められました）。

これにより、医療法人は法人設立時に基金を拠出していますが、この基金が返還されていないままのケースも多いようです。

基金とは、社団医療法人に拠出された金銭その他の財産があって、当該社団医療法人が拠出者に対して当該拠出との間の合意の定めるところに従い返還義務を負うものをいいます。

設立に際して基金拠出については、医業費用2か月分の運転資金または、1000万円のいずれか金額の高い方の現金拠出を求めているケースが多いです。

この際、基金拠出することについて、医療法人と基金拠出者である理事長と基金拠出契約書を結んでいます。

この基金拠出契約書で基金を返還しない期間を定めます。「基金返還しない期間」を超えており、医療法人に十分な利益が積みあがっていれば、繰越利益積立金額を上限に基金返還ができます（期間前でも覚書を提出することで自治体によっては、認められるケースもあります）。

キャッシュフローマネジメント

現金の流れをしっかり把握すること

会計上は、収益−費用＝利益であり、利益から現金が生まれ、現金は、設備投資やスタッフを雇用するための原資やクリニック経営を維持していくためのコストにもなります。

また、借入を行えば、現金が増加します。コロナ関連融資で借り入れた現金は、返済期日まで自由に現金を使うことができます。

ただし、利益＝現金ではありません。診療報酬の未収金は、医業収益が計上されても期日がくるまで入金されません。また、建物や医療機器などを現金で購入した場合、減価償却という費用になりますが、現金支出したのち、数年間から数十年にかけて費用化していきます。

このように債権債務や損金算入項目により、利益と現金は乖離することになります。

帳簿上の損益の流れではなく、実際の現金の流れに注目して管理することをキャッシュフローマネジメントといいます。

会計上の利益は出ていても、現金がないこともあり、現金と利益の2つがどのように変動しているかを、週、月単位で見ていくことが必要です。

現金の流れを把握するために、顧問税理士に資金繰り表やキャッシュフロー計算書の作成を依頼することも大事ですが、通帳と月次の試算表を半年に1度もしくは年1回ほど照らし合わせることが重要です。不明な場合、顧問税理士にその都度確認してください。

また、現金（余剰資金）を増やすことを考えなければなりません。

キャッシュフローを健全な状態に保つためには、なるべく在庫を持たない、また設備投資やスタッフの雇用に際して現金の支出が発生する場合は、採算が見込めるのか、といった投資判断をする必要があります。

使途が決まっていない余剰資金は、預貯金として蓄えるだけではなく、安全性を考慮しながら資金運用を心がけます。

さて、ここで改めて、法人化することによるメリットを具体的にどのように活かすべきか考えていきます。

所得分散

所得税は、超過累進税率を採用しているため、事業所得をできるだけ多くの人に分散することが節税につながります。そうすることにより、法人および個人トータルの税額を抑えられるのです。

役員報酬の最適化

個人事業の時代の考え方とは異なり、法人化されたクリニックでは、営業利益と役員報酬の合計額が分配原資となります。この合計額をどのように分配するかは、クリニックの経営戦略に直結します。

具体的には、家計に必要な金額を先に算出し、それに基づいて役員給与を逆算する方法と、退職金で受け取る額を先に決め、役員給与をなるべく抑えて法人に残す方法の2つの考え方があります（退職金として受け取ることが節税上なぜ有利かについては後述します）。

税制の観点から言えば、法人に残す金額が多ければ多いほど、税金の負担を軽減することができます。なぜなら、前述の通り、法人税の税率は比較的低いからです。しかし、法人に資金を残しすぎると、退職時にその資金を全額受け取ることは難しくなり、税金の問題も生じる可能性があります。そのため、適正な額を退職金として積み上げることが求められます。

年間の退職金の適正積立額としては、先生（理事長）の給与、そして院長の配偶者（理事）の給与を合計し、その月額を4・5倍（理事長の功績倍率3＋理事功績倍率1・5）した金額が上限と考えられます。また理事報酬（院長の配偶者の場合）をどれだけ引き上げられるかもポイントとなります。

個人クリニックと医療法人の違い　税率差

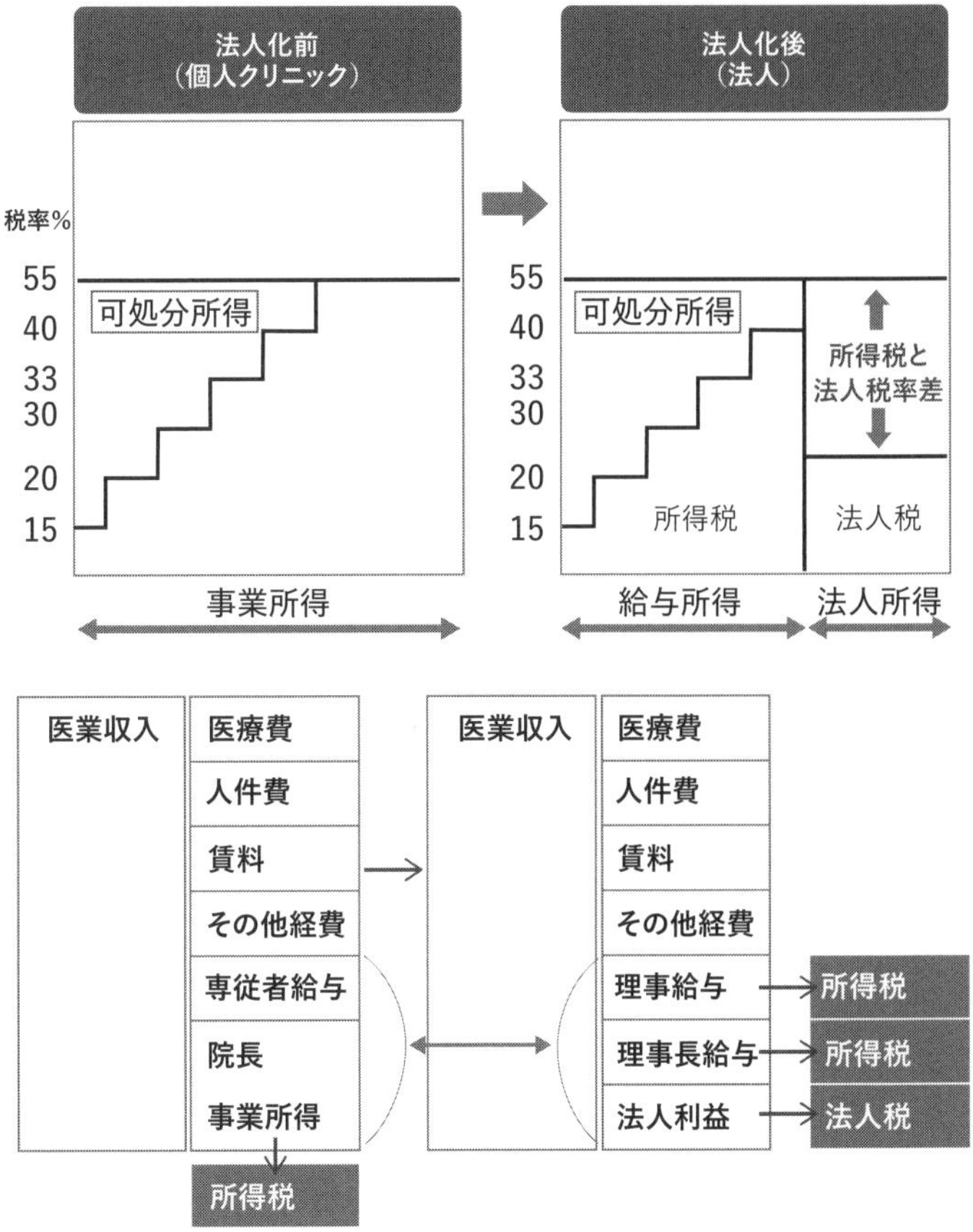

a）家計にとって必要な金額を算出し、逆算して役員給与を決める。
残りは、法人に残す。

【原資2500万円の場合】　家計費　月100万円

例）理事長給与　月100万円　税金225万円
理事給与　月60万円　税金182万円
可処分所得合計　1270万円
法人利益　年間580万円　税金104万円
税金合計　511万円

b）目標の退職金額を決め、法人に残せるように役員給与を抑える。

例）理事長給与　月80万円　税金133万円
理事給与　月50万円　税金62万円
可処分所得合計　1160万円

法人利益　　　　　年間940万円　税金187万円
　　　　　　　　　　　　　　　　税金合計　382万円

経費を利用する

交際費の損金不算入額の計算は、法人の出資金の額によって、どのように計算されるかが異なりますので、注意が必要です。

❶期末の出資金の額が1億円以下の法人の場合：
損金不算入額は、飲食に要する費用の50％を超える部分、または800万円以下を超える部分のいずれかの金額となります。

❷期末の出資金の額が1億円を超える法人の場合：
損金不算入額は、飲食に要する費用の50％を超える部分となります。

出資金の額の計算方法については、

（期末総資産簿価－期末負債簿価－当期利益）×60%となります。

また、特に注意が必要なのは、法人の純資産が約1億6666万円を超えると、1億円を超える法人と同額の制限を受けることになります。この点について顧問税理士から事前の説明も受けておらず、顧問税理士との間でトラブルが生じることも散見されます。決算後に出資金の額をチェックし、適切な計算を行うことが大切です。

退職金の優遇税制を使う

退職金には税制上の大きなメリットが存在します。具体的には、退職金はそのまま全額が課税されるわけではありません。退職所得控除という特別な控除が適用され、その後に2分の1の税率が適用されるのです。

つまり、役員退職金から退職所得控除を引いた額の2分の1が実際に課税される金額となります。さらに、この退職所得控除の額は勤続年数によって変わります。たとえば、勤続20年以下の場合、1年あたり40万円の控除が適用されます。勤続20年超の場合、800万円（40万円×20年）の控除が適用されます。
このため、もし1億800万円の退職金があった場合、実際に課税の対象となる額は5000万円（（1億8000万－800万）×1／2）となります。

また、退職金のもう一つの大きな特徴は、他の所得とは合算されない点です。つまり、その年に給与所得や不動産収入など他の所得があったとしても、退職金は独立して計算・精算されます。これは、税制上の大きなメリットと言えるでしょう。

（適正な金額の目安）
a）役員の従事期間
b）退職の事情
c）その医療法人と同規模の医療法人の役員の支給状況

（一般的な計算式）
理事長＝最終役員報酬月額×在任年数（法人化後）×功績倍率　約3倍
理事＝最終役員報酬月額×在任年数（法人化後）×功績倍率　約1・5〜2倍

（退職所得の計算方法）
（役員退職金―退職所得控除）×2分の1＝退職所得
退職所得の金額×税率（所得税＋住民税）＝税金

退職所得控除
勤続年数（＝A）退職所得控除額
20年以下　40万円×A
20年超　800万円＋70万円（A－年数）

法人で活用できる方法を採用し個人の手取り額を増やす

法人としての経営には、法人特有の方法がいくつか存在します。これらの方法を知り、適切に活用することで、経営の効率を高めることができます。

具体的な方法としては、以下のようなものが挙げられます。

事前確定届け出給与：事前に税務署に届出を提出することで毎月支払われる定期同額給与である役員報酬の金額を極力少なく、多額の賞与を支給することができ、それにより社会保険料を減らすことが可能です。

健康保険料の計算…上限は、573万円として保険料を計算

厚生年金保険料の計算…上限は、150万円として保険料を計算

役員社宅：役員の住居を法人が提供することで、経費として計上することができます。

出張旅費規程：出張時の旅費を規程に基づき経費として計上することができます。

企業型確定拠出年金：従業員の退職金制度として、確定拠出年金を導入することで、税制上のメリットを享受することができます。

これらの節税方法を採用する際には、顧問税理士との相談が欠かせません。適切なアドバイスを受けながら、最も効果的な節税策を講じることをおすすめします。

節税と脱税

節税と脱税の違い

節税は、税法に基づいて合法的に税額を軽減する行為を指します。具体的には、各種の控除を活用したり、経費を適切に計上したりすることで、課税所得を減少させ、結果的に納税額を下げることが目的となります。

例として、

・来年の経費を前払い費用の特例を利用して先に支払うこと
・飲食費を交際費や会議費として計上すること

などが挙げられます。

一方で、脱税は違法な行為となります。これは、税金を支払うべき要件を故意に無視し、不正に税金を逃れる行為を指します。具体的な脱税の例としては、

・領収書の偽造
・二重帳簿の作成
・売上の故意な除外

などがあります。これらの行為は違法であり、厳しい罰則が科される可能性があるため、絶対に避けるべきです。

脱税が発覚した場合

クリニックの経営において、税務の適切な管理は非常に重要です。不正確な申告や納税の遅延は、罰金や行政罰の対象となり得ます。具体的には以下のような罰金が科される可能性があります。

〈罰金〉

加算税：これは、税金の過少申告に対して科されるものです。

過少申告加算税：本来収めるべき税金の10％

重加算税：本来収めるべき税金の35％

延滞税：納税の期限を過ぎてからの支払いに対して科されるものです。具体的には、

納付期限の翌日から2か月まで：年率4・7％

それ以降：年率14・6％

これらの罰金は、納税の適切な管理を怠った場合に科されるものです。したがって、税務に関する正確な申告と、期限内の納税を心掛けることが重要です。特に、脱税のような違法行為を行った場合、医道審議会の審議の対象となることが特徴的です。

脱税を行った医師は、医道審議会による審議を受けることが確定的です。この審議は年に2回程度行われ、その結果として行政処分が下されることがあり

ます。最悪の場合、医師免許の停止という重大な処分を受ける可能性もあります。さらに、その内容は報道機関に公表されるため、その影響は計り知れません。脱税が医師にとって特に重大な問題となる背景には、医師が社会保険や税金を通じて収入を得ているという事実があります。そのため、税務に関する適切な管理と誠実な対応が求められるのです。

〈行政処分〉

・医道審議会の処分対象

わいせつ罪などの破廉恥罪、覚せい剤の所持・使用、増収賄、脱税や診療報酬不正請求、業務上過失致死傷

〈処分〉

医師、歯科医師に対して行政処分がなされ、免許剥奪から医業停止

氏名、医療機関名、処分内容、刑事事件の概要が報道機関に公表

生命を預かる医師として高い倫理性を求め「ひき逃げ事件」「医療における脱税」には、通常より厳しい処分とする傾向がある。

【インベストメント編】ライフプランニングを考える

「何を大切に生きるか」が真の幸福感を得るための鍵

収入が増えることが、必ずしも幸せをもたらすわけではありません。私たちが思い描く「もっと収入があれば幸せになれる」という考えは、実は一定の限界があるのです。

アメリカの経済学者リチャード・イースタリンは「イースタリンの逆説」という法則を提唱しました。この法則によれば、収入が増えることで幸福感が増すのは、ある一定の収入レベルまでです。そのレベルを超えると、収入がさらに増えても、幸福感は変わらなくなるとされています。

具体的に、日本の状況を見ると、年収が800万円を超えると、それ以上収入が増加しても、人々の幸福感は変わらないというデータがあります。

このことから、収入だけが幸せの源泉ではないことを理解し、どのように収入を使うか、また、何を大切に生きるかが、真の幸福感を得るための鍵であることがうかがえます。

私がお会いしたドクターで、浪費癖がひどく、自分のクリニックからも多額の借金をしていたケースや院長がギャンブルにのめり込み、本業のクリニックの経営も疎かにになり、経営破綻したケースもありました。

生きていくためには、お金の稼ぎ方を知ることが重要ですが、幸せになるためには、お金の使いみちを明確にすること、使い方を知ることです。そして、その使い方が自分の幸福につながっているかを考えることが重要です。

そのためには、何にいくら必要で、いつまでにそのお金を準備しなければならないかを考え、使い方まで考えること、つまりそれがライフプランニングです。

開業医にとって基礎となるライフプランニングは、以下の通りです。

❶何歳まで現役を続けるか？
❷老後資金は、いくら必要か？

キャッシュフロー表（個人＋法人）を作成する

❶、❷を具体的に知るためには、表のようなキャッシュフローを実際に作成してみることが大切です。

院長としてクリニックを経営する際、単に個人の収支のライフプランシミュレーションに注目するだけでは十分ではありません。法人と個人の収支を一緒に考慮しなければならないのです。なぜなら、医療法人の資金は、実質的には院長先生のものであり、家族経営の場合、院長やその家族が実権を握っているからです。

法人の収支は税理士によって管理されていますが、個人のライフプランニングには関与していません。一方、個人のライフプランニングを担当するＦＰ

や保険の専門家は、法人の収支には触れていないことが多いです。このギャップが問題となります。

法人の収支と個人の収支を一緒にシミュレーションすることで、全体のキャッシュフローを可視化する必要があります。この統合されたアプローチが、真の経営の成功への鍵となります。

私たちが税理士と連携してこのアプローチを採用しているのは、この二つの専門分野の間のギャップを埋めるためです。単に一方の専門家だけに頼るのではなく、全体像を把握するための連携が不可欠です。

個人のライフプランに盛り込むべき項目

以下に、盛り込むべき主要な項目とその詳細をまとめました。

住宅ローン：住まいの購入やローン返済の計画

子どもの学費：子供の教育にかかる費用、特に医学部進学を考えている場合は、高額な学費が必要となります。

将来の計画：趣味や家族との旅行、イベントなどの生活の楽しみ
個人の支出予定：住宅購入や子供の学費など、大きな出費が予定されている場合、収支予測を基に計画的に資金を準備する方法を検討することが重要です。
学費などの直近の大きな出費が予定されている場合、手取り額を増やすために役員報酬の見直しを行うことも考慮するべきです。

老後資金の準備：
・法人での退職金の準備
・厚生年金
・個人契約の年金保険
・確定拠出年金
・NISA

コロナが感染拡大した初期には一時的に患者数や収入が減少しましたが、その後は回復しています。医療機関は他の業態に比べて収入の変動が少なく、安

定しているため、収入計画を立てやすいといえます。

法人のライフプランに盛り込むべき項目

主に、設備投資、修繕費などになるかと思います。設備投資は、診療科目によって大きく異なると思います。

法人でできる資金運用

医療法人で資金運用はできるのか

一般的に「医療法人では資金運用できない」「株式投資はできない」などと言われていますが、その根拠は、実は法令などではなく、いわゆる「モデル定款」の条項にあります。

第12条　資産のうち現金は、日本郵政公社、確実な銀行又は信託会社に預け入れ若しくは信託し、又は国公債若しくは確実な有価証券に替え保管するものとする。

もし、定款に違反した場合は、医療法第63条に都道府県が報告を求め、事務所に立ち入り検査をすることができると定められています。

有価証券は、証券市場での売買の対象として金融商品取引法に列挙されている証券、国債、地方債、社債や株券、投資信託の受益証券などが代表的なものになります。

医療法人管理指導要綱においては、モデル定款にある「確実な有価証券」とは、基本的に国公債に準ずる有価証券と解され、民間企業の株式への投資と判断された場合は、指導の対象となる、という規定があり、規定から解釈すると国債、地方債や国債、投資信託（国債、地方債等）が妥当と思われます。法人で資金運用を行う際は、顧問税理士に相談されることをお勧めします。

以上のように定款に資金運用に関する制限の項目があることから、法人での資金運用に消極的にならざるをえない点で、役員退職金の準備手段として法人契約の生命保険が主に活用されてきました。

しかし、この数年間、保険業界を揺るがす出来事が度重なりました。

２０１７年４月　予定利率改訂による保険料値上げ
　終身保険、長期定期保険の返戻率低下
２０１８年４月　生命表の見直しによる保険料値下げ
　定期保険、収入保障保険等
２０１９年２月　バレンタインショック
　国税庁による節税保険の規制強化
２０２１年３月　ホワイトデーショック
　名義変更プラン（低解約型逓増定期保険）の規制強化

従来、保険料の損金割合が多く、返戻率の高い長期定期保険、逓増定期保険が選ばれていましたが、度重なる改正があり、特に２０１９年2月に節税保険と言われていた返戻率の高い役員保険に規制のメスが入りました。

現在4割損金計上の保険は、返戻率85％までに抑えられており、実効税率27％の場合、保険料が全額損金かつ返戻率が73％以上ないと節税効果がなく、現在、そのような保険は、ありません。

しかし、現在国内で営業している生命保険会社42社の中で、節税効果を加味して実質100%以上の返戻率が期待できる保険商品が存在することは、あまり知られていません。

従来型の保険（長期平準定期保険）では、なぜだめなのか？

以前は、クリニックを開業し、法人化を選択する際、最初に考慮すべき保険として「長期平準定期保険」があげられました。この保険は、一般的な「定期保険」のように、特定の期間だけ死亡保障をカバーすることができるものですが、特に長期平準定期保険の場合、99歳や100歳までの非常に長い期間、保障を受けることができるのが大きな特徴です。

さらに、この保険にはいくつかのバリエーションが存在します。例えば、喫煙者でない人向けの「非喫煙割引があるタイプ」や、解約時の返戻率が低い期間が設定されている「低解約返戻率の期間があるタイプ」、初期の期間は災害に関する保障のみを提供する「災害保障のみのタイプ」、さらには外国の通貨での契約が可能な「外貨建てのタイプ」などがあります。

この長期平準定期保険のメリットとして、保険料の一部を経費として計上できる点が挙げられます。これにより、掛金を積み立てつつ、長期間にわたる死亡保障を確保することができます。特に経営者として、予期せぬ事態や将来の退職金の準備を考慮する際に、この保険は非常に役立ちます。

また、解約を選択した場合、返戻金として受け取れる金額は、加入時の状況によりますが、支払った保険料の約90～100％が戻ってくることも考えられます。

しかし、前述したような税制改正などにより、もはや以前のような節税対策としてのメリットがなくなった点以外にも、私としてはおすすめできない理由は以下のようなものです。

理由① 改正後、従来型の長期平準定期保険ではタックスメリット（節税効果）がない

2019年に改正された法人保険の税務では、

解約返戻率：71～85％　86％以上

損金割合：40％損金　10～20％損金

となっています。

節税効果を考慮しても実質返戻率が100％を超える保険は、ほとんどありません。（一部の保険会社の商品が年齢によって配当を含めて実質返戻率が100％を超えるケースもありますが……）

改正前のように、損金割合がとれなくなったため、従来のような節税効果はありません。

理由②　予定利率の低下

昨今の経済、金融情勢の影響で2017年4月に予定利率の改訂があり、現在の予定利率は、0・25％前後となっています。

予定利率が高いと運用収益が高いという予測にもとづき契約することになり、契約者から預かる保険料は安くなり、また積立金の返戻率も高くなります。

逆に予定利率が低いと保険料は、高くなり、積立金の返戻率も低くなります。

当面の期間、利率の上昇は、期待できそうにありませんので、従来の固定金利型の長期平準定期保険は魅力に乏しいのが現状です。

理由③　法人の財産を守ることができない

現在、国と地方の長期債務残高は、約1000兆円を超え、GDPの2倍相当額に膨れ上がっており、「公債費」で税収だけで歳出のための費用は賄えないので、予算の歳入の3分の1は、国債を発行して調達しています。その国債も、先進国では例もない異次元緩和と呼ばれる金融政策を実行し日本銀行が買い続けることで、かろうじて国債市場を保っています。

さらに2020年、新型コロナ感染拡大による経済停滞で、度重なる財政出動が歴史に類を見ない規模に膨らんでおり、財政赤字は増える一方です。今後、歳出は、高齢化が進んでいく中、社会保障費を中心に増えることが予想されます。

そんな状況において、小手先の経済対策や社会保障改革では、増え続ける財政赤字を減らすことはできません。実際、これまでにロシア、ブラジル、ベネズエラ、アルゼンチン、ギリシャなど莫大な借金を背負った多くの国々が「国家破綻」に追い込まれました。日本がこのまま「財政赤字」を放置していれば、「国家破綻」「ハイパーインフレ」に陥る可能性は、十分に考えられます。

現実に2022年夏以降、米国の利上げがきっかけに、円安が進行し、インフレが進みつつあり、従来型の長期平準定期保険は、大きな打撃を受けてしまうリスクがあります。

保険商品は、比較ができます。

法人設立後、事業保障、家族の生活保障を兼ねて法人保険に加入するケースが多いかと思いますが、加入する目的によって、選ぶべき生命保険の種類や得られる効果も変わってくるため比較することが重要です。

資産運用型保険の特徴

一部の企業オーナーや富裕層が、資産形成や資産保全のために活用されているのが資産運用型保険（変額保険）です。この保険は、そのパフォーマンスが良いことがあまり知られていませんが、保障のコストパフォーマンスのみならず、退職金準備としても注目を浴びつつある保険です。

日本では、外資系保険会社を中心とした数社が取り扱っており、あまり馴染みがないのですが、海外の資産家の間で、メジャーな生命保険として認知されていて日本の一部の富裕層には、大変人気のある保険です。その理由は、金融商品には、さまざまなリスクやリターンがありますが、資産運用型保険は、投資元本の保全の仕組みを取りながら安定したリターンを実現しているからです。

資産運用型保険には以下のような特徴があります。

①国際分散投資

資金運用にあたり、さまざまな金融資産に分散して投資することです。日本国債、米国債、豪州債、日本株式、世界株式、新興国、コモディティ、先物、デリバティブなどの投資先地域、通貨への分散投資を複合させるのが一般的です。

一つの国のみに投資すると、その国の経済や政情の動向だけに投資成果が左右されがちになります。その国のマーケットが好調であれば良いのですが、悪い時もあります。

そうしたひとつの国の情勢だけで運用成果が変動することを避けるために、複数の国の分散投資をするわけです。できる限り変動の方向性が異なる金融資産を上手に組み合わせることで、投資資金全体のリスクを低減させることができます。資産運用型保険は、「減らさない運用」「堅実な運用」を目指していくことを目的としており、商品のタイプに成長が期待できる国々の株式市場に投資することにより、ローリスク、ロングリターンを実現することが可能です。

②ドル・コスト平均法

ドル・コスト平均法とは、10～30年などの長期スパンでの資産形成を前提として投資信託などの金融商品を定期的に定額購入していく投資手法のことをいい、少額でも毎月定額の投資をすることで、リスクを分散しながらコツコツと資産を増やしていくことができます。

「定額」で購入するドル・コスト平均法では、毎回買い付ける口数が変わります。

毎月などの定期的に定額を購入するので、いったんその設定をしてしまえば、あとは放ったらかしにすることができます。また相場にかかわらず購入額が固定されるため、基準価格が低いときに購入口数が多くなります。仮に基準価格が下がっても、たくさん買うことができるので、毎日相場をチェックして一喜一憂する必要がありません。

資産運用型保険のメリット、デメリット

資産運用型保険には、その特性からいくつかのメリットとデメリットがあります。

（メリット）

高値掴みのリスクを軽減：一度に大量に購入することなく、定期的に少額ずつ投資することで、高値での購入を避けることができます。

安定した心持ちで運用：日々の相場の動きに左右されず、長期的な視点での資産形成が可能です。

平均購入単価を下げる：定期的な投資により、全体の平均購入単価を低く保つことができるため、リスクの分散効果が期待できます。

（デメリット）

売却タイミングのリスク：投資のタイミングによっては、資産の価値が下がっている場合もあり、その時点での売却は損失を招く可能性があります。

短期投資には不向き：資産運用型保険は、基本的に中長期の投資を前提としているため、短期間での利益を求める投資には適していません。

これらの点を踏まえ、資産運用型保険を選択する際は、自身の投資目的や期間、リスク許容度などをしっかりと考慮することが重要です。

日本には真の資産形成アドバイザーが少なすぎる

クリニック経営を取り巻くリスク

クリニック経営を取り巻く厳しい状況は、急速かつ不可逆的に進行しています。

マクロ的にみると次のような構造的なリスクが存在します。

・人口減少 ⇓ 医師、看護師、事務職員の人材不足
・高齢化社会 ⇓ 社会保障費負担増加による医療費の抑制政策
・財源不足 ⇓ 大増税
・円安インフレ ⇓ 物価上昇（医療原価高騰）

・医業収入（診療報酬マイナス改定）　DOWN
・税金（富裕層課税強化）　UP
・採用難による人件費（スタッフ給与）　UP
・インフレによる医療原価（コスト）　UP

中長期的には、医業収入の伸び悩みに加え、コスト（人件費、医療材料等）増、増税（所得税、法人税等）といったものが予想され、今後、手取り資金は減少することが考えられます。

また昨今、エネルギーコスト（電気料金等）が急激に高騰しており、保険診療中心のクリニックの場合、保険点数が公定価格のため、価格に転嫁できない状況にあり、コストがクリニックの財務を圧迫しつつあります。

そういった構造的な変化に対応するためには、少しでも手元資金を増やし、守ること、つまり資金運用に真剣に向かい合う必要があります。

これまで、ドクターに限らず大抵の日本人は、預貯金、生命保険を中心に資産形成を行ってきました。これは、平成の30数年間はデフレ環境にあったため、現金の価値が増えていたこともあり、マネーリテラシーを高める必要がなかったこと、また、公平中立的な立場で顧客に相対する資産形成アドバイザーが圧倒的に不足していることが要因として考えられます。

その資産形成アドバイザーの役割を担う立場にある職業がFP（ファイナンシャルプランナー）ですが、FPは、1986年に民間資格として認定され、約35年以上経過しています。日本FP協会のデータでは、現在約18万人のFP資格者がおりますが、その大半が企業（不動産会社、銀行、証券会社、保険会社）に所属している企業系FPで、独立系FPが約7％、その中で顧客から手数料をいただいて公平中立的なアドバイスを行っているFPはごく少数です。

実際、株式や投資信託は証券会社、投資信託や保険は銀行、保険は保険会社から購入しているケースがほとんどで、販売担当者は企業系FPが中心です。彼らは、自社商品がいかに最適かというロジックのもと自社商品を勧めるという営業スタンスをとります。したがって、顧客にとって全体最適になっておらず、顧客視点に立った資産形成アドバイザーとは程遠い存在です。

このような状況の中、現状の資産形成手法を変えていく必要があり、金融庁は、「貯蓄から資産形成」へと資産運用改革を打ち出しています。

その一躍を担うのが、ＩＦＡ（Independent Financial Advisor：独立系ファイナンシャルアドバイザー）と呼ばれ、銀行や証券会社などの特定の金融機関から独立し、中立的な視点で資産運用のアドバイスを行う専門家です。

ＩＦＡとＦＰの違い

ＦＰは、家計を軸としたライフプランニングを行い、収入や支出や資産、負債、投資資産、保険等のデータをヒアリングし、今後のライフプランの希望を元に、キャッシュフローシミュレーションを行い、ライフプラン上に発生する課題を、総合的な視点でアドバイスを行います。

ＩＦＡは、具体的な金融商品のアドバイスや販売の仲介が可能な「金融商品仲介業」として登録しているので、資金運用に関する専門的なアドバイスに加え、具体的な金融商品の取引までサポートができます。

欧米では、ＩＦＡが約12万人いると言われ、資産形成アドバイザーとして存在感を発揮しています。その背景には、次のようなものがあります。

・大手証券会社による個人投資家離れ
・金融アドバイザーの金融機関離れ

２００８年のリーマンショック後、大手証券会社が個人投資家との取引を縮小し、富裕層にターゲットをシフトしたことにより、ＩＦＡが台頭してきたと考えられます。

金融アドバイザーが所属している証券会社の経営方針や理念に矛盾を感じているアドバイザーが増加しており、６年間で約1万人のアドバイザーが証券会社を退職しています。

日本でも同じような理由で、証券会社からＩＦＡに転身している人が増加傾向にあります。現在、ＩＦＡ登録者は約５０００名おり、まだまだ少ないですが、資金運用の必要性が叫ばれる状況の中、特定の金融機関に属さないで

公平中立的な立場でアドバイスを行うＩＦＡの活躍が期待されます。

開業医にとっての資産運用とは

開業医のマネーリテラシーに対する望ましい姿勢とは

空前の資産運用ブームの中、「上手に資産形成を行うには、マネーリテラシーを高めることが大事です」という論調が多いですが、やみくもに資産運用のことを勉強したからと言っても必ずしも成果が出るとは限りません。

重要なことは、自分に合った資産形成のスタイルを選ぶことです。そもそも開業医は、人的資本が高く、資産を増やすことばかりに限られた時間や労力を費やすべきではないと感じます。積極的に資産運用に励むドクターが大きく儲かったという話は、聞いたことがありません。

マネーリテラシーを高めることは決して否定はしませんが、自分の大事な時間や労力と引き換えにリテラシーを磨き上げることが、本当にリターンが見合うものかどうか、常に考える必要があります。

これまで開業医に資産形成のアドバイスをしてきた経験から、次のことを踏まえて資産形成手法を選択することが重要です。

開業医には次のような特徴があります。

❶開業医は、診療時間（労働時間）により収入の上限（一時間当たり、何人の患者さんを診察できるか）が決まっている。クリニックのライフサイクルを考えると、稼げる期間は10年〜20年程度となる。

❷日々、多忙のため資産形成に費やす時間がとりづらい。

❸3つの負債を抱えている。

a）開業時の借入金

b）住宅ローン

c）子供の教育資金

特に、子供が将来、医学部を目指す場合、多額の学費を期限内で準備しなければならないという宿命があります。法人化しているドクターでも、教育資金は個人で準備しなければならないので、効率的な資産形成手法を取り入れる必要があります。ポイントは以下の通りです。

・それほど、メンテナンスに気を配る必要ない
・ローリスクミドルリターンを重視

世の中には、たくさんの資産形成方法がありますが、多忙なドクターが時間や労力をかけずに計画的な資金を準備する手段として考えた場合、2024年からNISAが拡充するなど、利点も多い投資信託が気軽に始めやすいかもしれません。

資産運用（投資信託）のキーワードは、長期、積立、分散

3つのキーワード

資産運用の基本原則は、

長期間（10年以上）……長期
毎月決めた金額を……積立
世界のさまざまな資産に分散して……分散

投資をすることです。

世界の経済市場に分散して毎月、同じ金額を投資することで中長期的に世界

経済の成長率を上回るリターンを目指すという資金運用のスタイルのことです。

投資信託の2つのファンド（インデックスファンドとアクティブファンド）

インデックスファンドとは市場成長の平均点を目指すファンドです。

積立投資をしていくのであれば、S&P500のインデックスファンドがお勧め、と有名ブロガーやユーチューバー、各メディアが報じています。その理由としては、S&Pという世界的に有名な査定会社が、すでに優秀なアメリカの企業500社を選定していて、これら500社の株式をまるごと購入できるのがS&P500インデックスファンドだからです。

優秀な企業500社を自動的に購入していけば、それなりの成果は出るのではないか、というのが彼らの結論です。

また、投資先企業を選定するのに運用会社も人件費がかからないため、信託報酬（ファンドの運用にかかる手数料）が低いのも特徴です。

これに対し、アクティブファンドというのは平均点以上を目指すファンドです。S&P500の中でも今後特に成長が期待できそうな企業、あとはまだ名前の知られていない企業などを見つけだして投資をしていくファンドです。

当然、そのような企業を見つけ出すのには綿密な企業分析が必要になりますので、ファンドマネジャーやアナリストに払う人件費がかかります。

そのため、信託報酬はインデックスファンドと比べて高めに設定されているのが特徴です。

したがって、高い信託報酬を払っても長期間にわたってインデックスファンドに勝ち続けているかどうか、という点が、優秀なアクティブファンドを見分けるポイントとなります。

この点に関して、日本で購入できるアクティブファンドの9割以上がインデックスに勝てていない、投資するに値しない商品ばかりというのが現状です。

ですが、世界の運用会社を見渡した時に、

・長期にわたってインデックスファンドに勝ち続けている実績がある
・独自の投資理念に基づいて企業をしっかりと選定している

・組織体制やマネジメントがしっかりしている

という運用会社が存在していることも事実です。

このような優秀な運用会社を見つけ出すことは難しく、見つけ出すことができたとしても、その運用会社が今後も結果を出し続けるかどうか、長期にわたってモニタリングをしていく必要があります。

S&P500インデックスファンドが正解なのか?

また、インデックスファンドには意外と知られていない弱点があります。

実際に経済産業省が出している企業調査の資料によると、ROE(自己資本利益率※)が10%を超えている優秀な企業の割合は、米国企業(S&P500)で69%、欧州企業(BE500)で61%であるのに対し、日本企業(TOPIX500)でわずか39%となっています。

このことからわかることは、インデックス投資をした場合にTOPIXはもちろんのこと、S&P500だとしても30%の企業は投資するのに値しない企業が含まれているということです。

したがって、投資するに値しない企業を除いて、今後しっかりと成長していく企業にだけ投資をすることができれば、インデックスファンドに勝てる可能性は十分にあるということです。

※ ＲＯＥ（自己資本利益率）…企業の当期利益に対する自己資本（新株予約権を除く）の割合を示しています。業種によって平均値は、異なりますが一般的に理想とされているのが、自己資本利益率10％以上です。

それから、インデックス企業の中には、軍需・防衛などの事業をしている企業なども含まれています。世界平和を願う私個人としては、軍事事業の企業などには投資したくない、応援したくないという気持ちがあります。

しかしながら、世の中の過剰なインデックスファンドブームによって、そのようなことも知らない人たちが過剰に投資することにより、投資するに値しない企業に過剰にお金が集まっているのも事実です。

過去の経済の歴史を調べると、こういった過剰なブームは行き過ぎとなり、いずれ平均回帰していくことになる傾向があります。そのため、今後はインデックスファンドであっても過信することなく、注意して見ていく必要があります。

また過去を見ても、10年おきにバブル崩壊や金融恐慌などの危機は起こりえます。その時に、例えば積立資産が半分になってしまった時に、怖くなって焦って売らないこと、そのような時にもコツコツと積立を続けていくことが大切になります。

ですから、長期投資というのは、単純にS&P500インデックスファンドを積み立てていけばいいという簡単なものではないのです。

それぞれに特徴があります。特徴を理解した上でお好きなファンドを選べば良いと思います。

しかしながら、投資は苦手だから本業に専念したいドクターは、プロのアドバイザー（IFA）に指南してもらうことをお勧めします。

バブル崩壊や金融恐慌などによって資産が目減りしてしまったとしても、プロのアドバイザリーが傍に寄り添い、一緒に考えてゴールに導いてくれる手助けをしてくれると思います。

ポートフォリオマネジメントを考える

ドクターは、人的資本が高い職業であり、開業するとさらに人的資本の価値と必要性が高まります。開業期は金融資本がないため、自身の経営資源（時間や労力）をクリニックに注いでＲＯＥを向上していくことが望まれます。

医業収入が増えれば増えるほど、将来に向かって投資できる資金の余裕ができます。30代、40代は、資金運用のリスク許容度は、比較的高いので株式の割合を大きくポートフォリオを組むことが大事となります。

投資信託で運用を考えるのであれば、株式型中心のファンドを選ぶこととなります。

50代になるとリスク許容度は低くなるので、安全性を重視したポートフォリオに少し組み直すことを考えなければなりません。

収入と家計の状況、家族構成や借入金残高等によってリスク許容度が大きく変わるのが50代です。資金的な余裕がある場合、不動産もポートフォリオの中に組み込むことも考えても良いかもしれません。

金融資産にない不動産のメリットがあるからです。

不動産投資のメリット

数ある投資の中で不動産投資は、ミドルリターン投資と言われています。不動産投資で得られる利益は、家賃収入（インカムゲイン）とキャピタルゲイン（売却益）です。

不動産投資には、いくつか種類があります。代表的な不動産投資は、区分マンション投資（ワンルームマンション投資）と一棟マンション投資（アパート）です。

区分マンション投資は、初期費用が抑えられるため、サラリーマンでも投資している人が多く、広く知られています。


不動産ローンのメリットは以下の通りです。

❶自己資金以上の金額で投資ができる

不動産ローンを組むことで自己資金以上の金額で投資ができ、ローンを家賃で返済できます。

❷節税効果が期待できる

不動産購入時の初期費用や毎年発生する減価償却費用があるため、不動産の家賃収入よりも経費が上回ることがあり、先生方の給与所得や事業所得から不動産投資のマイナス分の相殺（損益通算）が可能となり、高い所得税、住民税を納めているドクターにとって節税効果があります。

❸家賃収入（インカムゲイン）が入ることによる不労収入の確保

毎月、入居者からの安定した家賃収入があることで、もし万が一、医業収入が途絶えたとしても、不労収入があることで日々の労働収入を補填することができます。

❹年金の代わりになる

ドクターがリタイアした後、家賃収入が年金の一部として老後資金として使うことができます。

❺インフレ対策になる

インフレで物価が上昇すると、現金の価値が目減りします。実物資産（不動産）の場合、場所や物件の状態にもよりますが、インフレに強い資産と言われています。

❻相続対策になる

相続人が金融資産を相続した場合はすべて時価評価になりますが、不動産の場合は、財産評価基本通達に応じ、土地は路線価評価等、建物は固定資産税評価額で評価されますので、土地は約8割、建物は約7割程度の評価になります。

不動産投資のデメリット

一方、以下のようなデメリットもあります。

❶初期費用がかかる

おおよそ物件価格の8～15％程度（不動産取得税、不動産登記費用、印紙代等）の初期費用が必要となります。

❷空室リスク

空室時に入居者の家賃収入がなくなります。

❸ランニングコストがかかる

不動産購入後、たとえば分譲マンションの場合は、建物管理費や修繕積立金などの費用のほか、固定資産税などもかかります。

❹キャピタルゲインの不安定性

不動産は、建物や設備の劣化や年数の経過によって価格が下がると言われています。ただし、立地や市場動向によって不動産価格が上昇することもありますので一概には言えません。

❺金利上昇リスク
変動金利で不動産ローンを組んでいる場合、金利上昇局面では金利が上がり、返済額が増えることもあります。

❻流動性が劣る
金融資産と比べて不動産は、売りたいときに直ぐに売却できるわけではありません。早くても数週間ぐらいかかるのが一般的です。

国内中古不動産投資

最近、富裕層の間で、人気のある中古不動産投資についてご紹介します。

・木造減価償却期間

築年数22年以上経過している木造住宅は、耐用年数を4年で計算しても問題がありません。建物の費用割合が多い木造アパートを購入して4年間で建物部分を減価償却できます。不動産の減価償却と個人の所得を損益通算できるので税率の高い院長先生にとって4年間は、節税ができます。

・5年後に売却

4年間で減価償却は終了しますので5年後に売却します。

5年超の不動産の譲渡所得税は、20％です。

近年、海外不動産による節税スキームが流行っていましたが、税制改正により損益通算による節税を行うことができなくなりました。

国内不動産については、不動産所得に赤字が発生した際の損益通算は、引き続き認められています。そういった背景もあり、国内の中古不動産投資が注目を浴びつつあります。

国内中古不動産投資

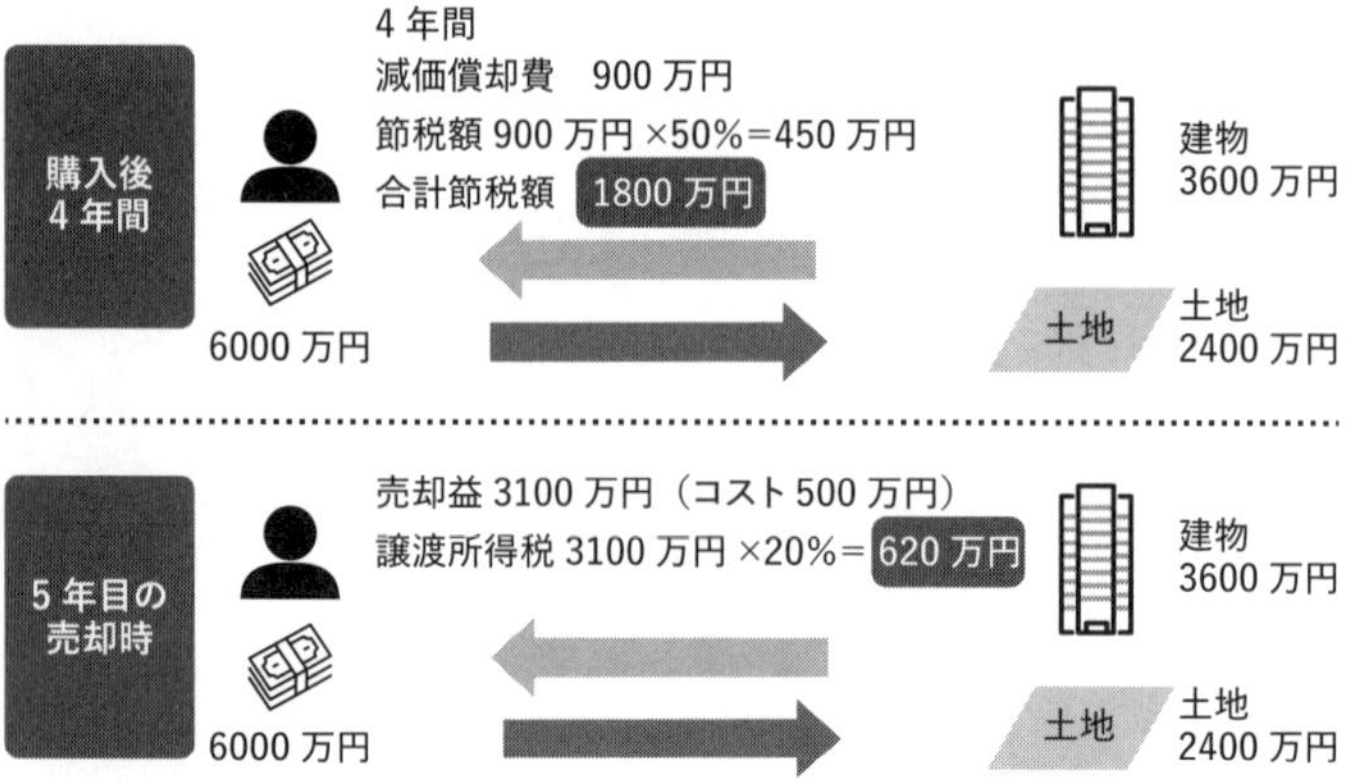

国内中古不動産の活用　デメリットは？

・投資金額が大きい。

➡ 無理のない金額で投資する。
できれば自己資金で（使用目的のない資金）

・中古不動産の市場価値の下落があった場合に、大きな損失が
出る可能性がある。（空室リスクもあり）

➡ 買取保証がある業者を選ぶ。サブリースも同様（賃料保証）

・途中で税制改正が行われる可能性がある。（海外不動産と同様）

➡ 認められる期間をできる限り長くする（早めの検討が必要）

資産防衛を考える

ハイパーインフレは訪れるのか

昨今、日本の財政赤字を懸念して近い将来ハイパーインフレになると予想している一部のエコノミストの論調を目にする機会がありますが、彼らの意見は、

❶日本の財政赤字（債務残高　約1000兆円　2022年末時点）が膨大であること
❷日本銀行が国債（国債の50%以上）を保有していること
❸2013年以降、日銀が異次元緩和を続けていること

以上のように信頼できそうな根拠もあり、ハイパーインフレが起きる可能性は否定できません。個人的には、ハイパーインフレに対する備えをしておくことが必要かと考えています。対処法としてインフレに強い資産を保有することです。

インフレに強い資産として株式や投資信託、不動産、またドル資産を保有することです。

一般的に開業医の資産は、診療報酬、不動産、金融資産等、ほとんど円で保有していて、ドルの資産割合が少ないと感じています。

外貨建て資産（世界株式）以外で外貨預金、外貨建てＭＭＦ、ドル建て保険等、基軸通貨のドルの比率を増やすことがハイパーインフレ（円安）になった際の保険につながります。

【リスクマネジメント編】リスク① 就業不能状態

開業医が押さえるべき3つのリスクマネジメント

開業すると、どれだけクリニックの経営が順調であったとしても、不測の事態は訪れます。

特に、次の3つのリスクを押さえておくべきです。

・就業不能状態
・税務調査
・集団指導、個別指導

順番に見ていきましょう。

就業不能の経済的リスクに備える

これまで、たくさんのクリニックを見てきた経験から言えることは、クリニックにとっての最大のピンチは、院長が就業不能になることです。

突然、働けなくなる（就業不能状態）原因として、

❶悪性新生物
❷脳血管疾患
❸心疾患
❹慢性腎臓病
❺肝疾患

以上の5疾病があげられます。

院長が突如として働けなくなった時、クリニック経営に甚大な影響を及ぼします。収入が途絶えてしまい、毎月の人件費、家賃、借入金の返済、リース料等の固定費に加え、生活費等の支払いの負担がのしかかってしまいます。

開業間もない場合、まだ蓄えが十分ではない状況にあり、院長個人の純資産がマイナスが通常の状態です。手持ちの預貯金、運転資金を取り崩してクリニックを維持していかなければなりません。

この経済的リスクに備えることが必要です。特にクリニックの開業期、成長期のステージにおいて、重要となります。

休診した場合に備える制度として、都道府県の医師会が取り扱う所得補償制度、および、保険医協会が取り扱う休業補償制度があります。

必要な補償額の目安は、毎月、発生する固定費（人件費、家賃、リース料、借入金の返済額等）もしくは、代診のドクターの人件費です。

問題となるのは、2か月以上、就業が困難な場合です。レセプトの収入は、2か月後だからです。

所得補償保険の中では、2か月免責で2か月以上、就業不能が継続したら、長期間補償する保険を取り扱っている保険会社があるので、それらの活用を検討します。

また、上記の疾病に罹患した場合は、重大疾病保険、特定疾病保険等、保険会社によって呼び名や保障内容は、異なりますが、まとまった一時金を受け取ることができます。

最近では、特定の疾病に罹患した場合、保険料の支払い免除される特約があり、特に積み立て効率の高い保険に付加できる特約も登場しています。

資産形成の目標（ファイナンシャルゴール）を定めても、突然、就業不能状態になってしまったら、目標達成を実現することが不可能になります。

保険料免除特約は保険でしか実現できない資産形成として検討する価値があると思います。

生命保険はいらないのか？

近年、生命保険の必要性に疑問を投げかける声が増えています。特に一部のブロガーやユーチューバーは、保険料を資産運用に回す方がより合理的だと主張しています。その影響からか、多くのドクターも生命保険に対して懐疑的な見方をしているようです。

しかし、開業初期や成長期の段階で、医業収入がまだ安定していない状態及び、院長個人のストックが不十分な場合、リスク対策としての保険の重要性は無視できません。確かに、事故や病気などのリスクは低いかもしれませんが、もしもの時の経済的影響は計り知れません。

このようなリスクの高い時期には、保険を利用してリスクを外部に委ねる、つまり「リスクをアウトソースする」考え方が求められます。保険のコストとリターンのバランスをしっかりと評価し、最適な保険選びを行うことが、ドクター自身とクリニックの安定的な経営のためには不可欠です。

リスクマネジメント上の保険の選び方

保障内容	対応すべき保険	必要な期間
死亡保障	収入保障保険	借入の返済期間
	定期保険	純資産が適正状態になるまで
	グループ保険	純資産が適正状態になるまで
就業不能	所得補償保険	純資産が適正状態になるまで
	特定疾病保険	純資産が適正状態になるまで
	医療保険	終身タイプで有れば保険料の払い込みを短く設定
	がん保険	終身タイプで有れば保険料の払い込みを短く設定
	保険料免除特約	積立タイプであれば払い込み完了まで

各個人によってライフプランが異なるので適正な保障額は変わってきます。家計にとって必要な保障額が一つの目安になります。

ただし、クリニックが安定期に移行し、BS（貸借対照表）を確認し、純資産がプラスの状態になってきたら、リスク対策として加入した保険を削減していくことが重要です。したがって、最低でも2～3年に1回程度、BS（貸借対照表）をチェックし、保障額が適正か否かを確認することをお勧めします。

就業不能になった場合の保険のメンテナンス手法

院長が就業不能になった際、一番苦慮するのは、資金繰りです。個人と法人とで多数の保険に加入している場合、保険料の支払いが財務を圧迫し、保険のメンテナンスの必要性に迫られます。

そんな時、すでに契約をしている保険を活用して保障を維持する4つの方法をご紹介します。

〈変換〉

変換は、現行の保険を解約し新しい保険に再加入することと同じ効果があります。その時点で解約返戻金を受け取ることができ、変更する保険の種類によって、保険料が大幅に下がり、収入保障保険の場合、毎年、保険金額が低減していきますが、変更時と同額の保険金額を必要な期間、維持することができます。

〈期間短縮〉

期間短縮は、短期の定期保険に変更することで保険料の負担が下がり、なおかつ責任準備金（解約返戻金相当額）の差額が発生して一部、解約返戻金が戻ります。

なお、仮に、余命が伸びた場合は、また元に戻すことも可能です。

〈払い済み（2種類）〉

払い済みは、保険料の支払いを停止させ、保障を継続させる方法です。

・払い済み定期保険は、保障が変わりませんが、解約返戻金は少しずつ減ります。

・払い済み終身保険は、保障額は、下がりますが、解約返戻金は、少しずつ増えていきます。

これらの運用の可否は、保険会社や商品によっても異なります。だからこそ、客観的な立場で評価できる専門家の助言が必須なのです。

保険のメンテナンス例

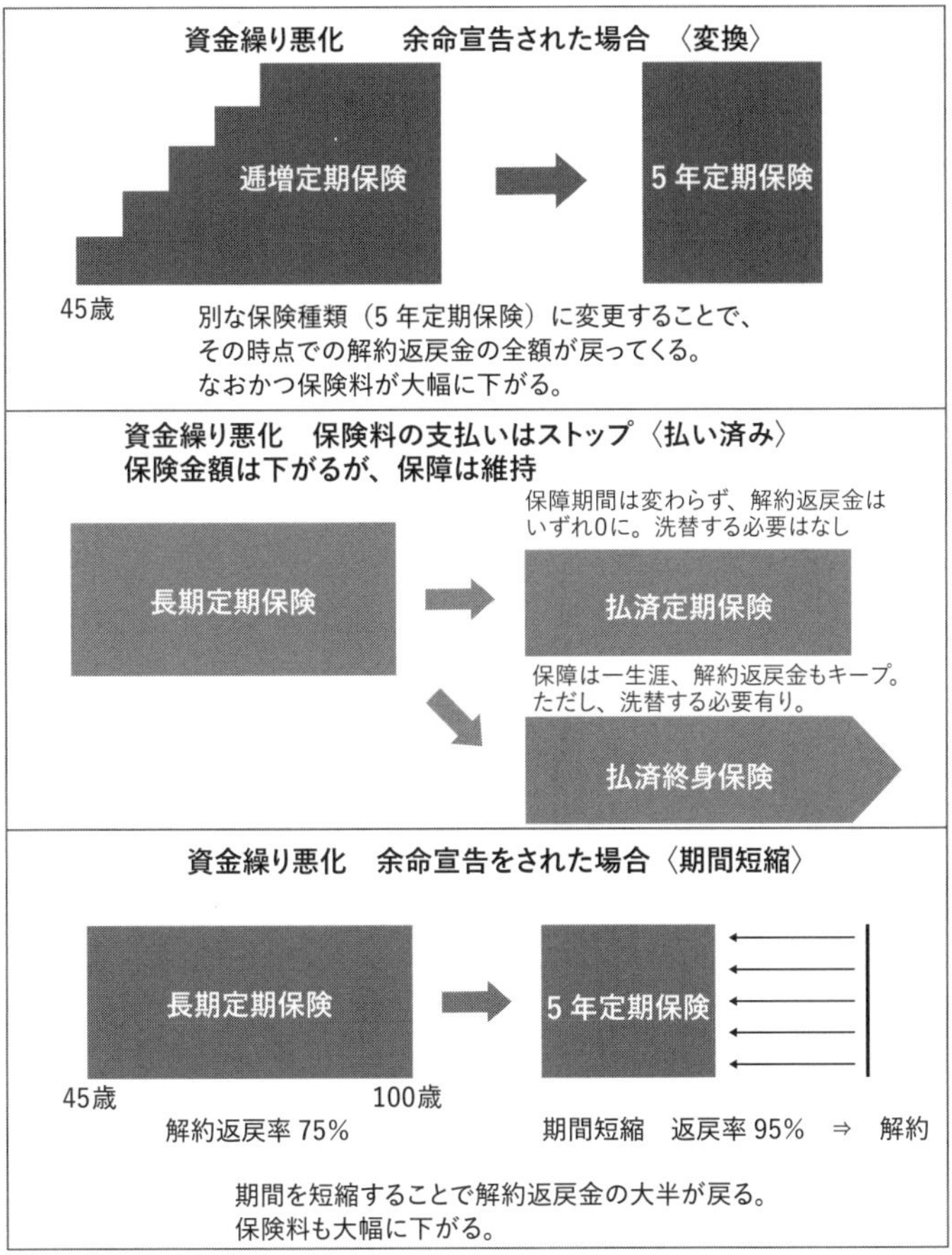
資金繰り悪化　　余命宣告された場合　〈変換〉
逓増定期保険
5年定期保険
45歳
別な保険種類（5年定期保険）に変更することで、
その時点での解約返戻金の全額が戻ってくる。
なおかつ保険料が大幅に下がる。
資金繰り悪化　保険料の支払いはストップ〈払い済み〉
保険金額は下がるが、保障は維持
保障期間は変わらず、解約返戻金は
いずれ0に。洗替する必要はなし
長期定期保険
払済定期保険
保障は一生涯、解約返戻金もキープ。
ただし、洗替する必要有り。
払済終身保険
資金繰り悪化　余命宣告をされた場合〈期間短縮〉
長期定期保険
5年定期保険
45歳
100歳
解約返戻率 75%
期間短縮　返戻率 95%　⇒　解約
期間を短縮することで解約返戻金の大半が戻る。
保険料も大幅に下がる。

法人契約の経理処理

法人契約している保険については、経理処理は以下のようになります。

・払い済み保険（終身）　⇓　資産計上額と解約返戻金の差額を益金に計上する。

・払い済み保険（定期保険）　⇓　洗い替えする必要ありません（経理処理する必要なし）。

・変換　⇓　解約し新しい保険に再加入することと同じです。

個人で終身保険に加入しているドクターも多いかと思いますが、もし余命宣告されるような状態の場合は、延長定期保険に変更することを検討してください。

延長定期保険とは、終身保険を解約し、解約返戻金で一括払いの定期保険に加入するのと同じ効果があります。保険金額は、加入していた保険金額と同金額になりますが、保険期間は、終身ではなく一定の期間に短縮されます。

私が保険会社勤務時代、担当していた院長ががんに罹患し、法人契約で加入していた保険料の支払いが困難になったため、個人、法人で加入している保険をすべて調べ、可能な限り、メンテナンス（変換や期間短縮）を行いました。その結果、契約時の死亡保障は変わらず、年間の支払保険料を約1000万円程、削減でき、解約返戻金として約2000万円を支払ったケースもありました。

私自身、過去、保険会社の担当者として、そのような経験をしてお客様の家族から感謝され、初めて、担当者として存在価値を感じました。

このように、就業不能状態になった時、保険担当者ができる限りメンテナンスを施してくれるかが重要となります。

なお、ここでご紹介したメンテナンス方法は、保険会社によってできる範囲が異なるため事前に確認が必要です。それと、どのメンテナンスも健康上の理由で新規の保険に加入できない状況でも変更が可能です（保険会社によって年齢で条件を設けていることもあります）。

リスク② 税務調査

税務調査の対象となりやすい医療機関

医療機関は、税務調査が入りやすい業種として、開業医には認識されています。実際、これまでの経験からも入りやすい業種と言えるかもしれません。理由は、医療機関は、不況に左右されることのない安定業種だからです。コロナ禍において増収のクリニックも多かったことからも、今後も、税務署がターゲットにしてくると思われます。

以下のような医療機関は、税務調査の対象となりやすいと言えます。

・長期間（10年以上）、税務調査を受けていない医療機関

・売上、経費の変動が多い医療機関

（国税総合管理システムによる財務分析により異常がある場合、ピックアップされる）

・反面資料等と申告に差異があるクリニック

・税務申告の不正に関して有力な情報がある場合　→　タレコミがあるケース

税務調査の流れ

一般的な税務調査の流れは以下の通りです。

❶税務署からから顧問税理士に税務調査にかかる「事前通知」が行われます。

❷調査の目的や対象となる税目（法人税、所得税、消費税等）対象となる期間や準備を行う書類についての説明が行われます。

❸調査の日程や期間（納税者の都合を考慮）を決定します。

❹調査は、2日間（1日目の午前中は、院長先生に対するヒアリング、1日目の午後から帳簿の調査、2日目に調査の結果の報告）行われます。

❺顧問税理士が最終結果に対して電話で交渉します。

調査を受けるポイント

医療機関の税務調査の主な対象となるのは、「自費診療」になります。

・特に収入の計上漏れ（予防接種、健康診断、治験受託収入等）がないか？
　↓別の通帳に振り込まれているなど。
・保険請求収入が適時、計上されているか？
・医薬品在庫は計上されているか？
・固定資産、修繕費の計上に間違いはないか？
・事業費に家事費が混在していないか？
・交際費は妥当な水準か？
・非常勤役員（親族）に対する役員給与は、妥当か？
・MS法人との取引内容は、適正か？

税務調査への対応

税務調査を初めて経験される院長先生は、大きな不安やストレスを感じてしまうと思いますが、その時、頼りになるのが顧問税理士の存在です。

しかし、税務調査で顧問税理士が税務署の言いなりになってしまい追徴課税を課せられ、顧問税理士の対応に納得がいかないという理由で、顧問契約を解除することは、良くあります。

税理士と顧問契約しているからといっても、税務調査で納税者の立場に立って納税者にとって望ましい対応を税理士がしてくれるとは限りません。

税理士には、得手、不得手があり、税理士試験で税務調査に関する知識が問われることはないので、実務で経験を積む以外に税務調査の知識やノウハウを得ることは難しいといえます。そのため、顧問税理士が税務調査に関して得意か否かを判断するには、どれほど税務調査を経験しているかを確認しておく必要があります。

診療科目ごとのチェックポイント

診療科目	確認するもの	どこを見るか？
内科	治験会社との契約書	治験収入の計上
小児科	市町村の振込通知書	予防接種、健診の収入の計上
整形外科	グループ保険	純資産が適正状態になるまで
眼科	コンタクトレンズの診察販売記録	コンタクトレンズ収入の計上
皮膚科	自費診療の記録	美容診療（レーザー治療、プラセンタ治療等）の収入の計上
産婦人科	麻酔薬の使用量	人口中絶手術（アウス）の収入の計上

もし、経験が不十分な場合は、税務調査の際、税務調査専門税理士に依頼することも考えなくてはなりません。

その点、税務調査専門税理士は、国税や税務署出身OBの場合が多く、長年にわたり税務調査官を経験してきたキャリアから、税務調査の内容を熟知しているだけでなく、税務調査対応に必要な知識やノウハウを持ち合わせています。

リスク③　指導

指導とは

厚生局の指導とは、医療機関や保険医が行う診療の保険請求が適切であるかをチェックするものです。この指導の目的は、保険診療のルールをしっかりと理解し、それを実践することを医療関係者に強く意識させることにあります。コロナ禍の影響で個別の指導は一時的に減少しましたが、2021年からは感染対策を講じた上で、集団的な形での指導を再開しています。

指導の種類には以下のようなものがあります。

❶集団的個別指導

2021年度の指導件数

個別指導	保険医療機関等	1050件（前年度　41.6%減）
監査	保険医療機関等	51件（前年度　10.9%増）
保険指定取り消し	医療機関等	26件（前年度　7件減）
	医師	16人（前年度　2人減）

累計区分別に1件当たりのレセプトが高点数である保険医療機関を対象に、集団部分（講習会形式）と個別部分（個別指導）で行う。

❷個別指導

〈新規指定等〉開業したら必ず行われるもので、開業後6カ月を経過して行われます。事前に通知される患者のカルテ等の持参を求められます。

〈既指定〉過去に一度指導を受けたことがある医療機関や保険医に対して、再度同じような問題や不備が見られた場合に行われる指導を指します。この「既指定」の状態で再度問題が発生すると、より厳しい指導や罰則が科される可能性が高まります。

〈保険医療機関〉患者や保険者・審査機関からの情報、高点数のほか、前回「再指導」とされた保険医療機関等が対象。指導で指摘された事項は、過去1年分の自主返還を求められます。

著しいルール違反が疑われる場合には、「監査」によって事実関係が調査され、ルール違反が確認されれば、違反の程度に応じて「保険指定取消」「戒告」「注意」いずれかの処分が行われます。

指導実施通知の時期

指導実施通知の時期は以下の通りです。

❶集団指導：指導日の1ケ月前を目途に通知
❷集団的個別指導：指導日の3週間前を目途に通知
❸新規個別指導：指導日の3週間前を目途に通知
❹個別指導：指導日の3週間前を目途に通知

自主返還

個別指導は、指導月前の1年間に医療機関に受診したすべての患者のレセプトから指摘された診療科目を自主的に探し出して返還するので膨大な金額になります。指導医療官が指導会場で指摘した診療項目の算定根拠を口頭で説明しても認められず、カルテに算定根拠の記載がなければ、自主返還は避けられません。ただし、施設基準の返還の場合は、最大5年となります。

個別指導の結果

個別指導の結果については、個別指導の後に約1カ月後に文書で郵送されます。内容は次のようなものがあります。

〈①概ね妥当〉
診療内容や診療報酬請求が概ね妥当適切の場合。

〈②経過観察〉

指導で指摘された問題点が軽微な場合で改善が期待できる場合は、「経過観察」として指導が終了になります。


〈③再指導〉

指導で問題点が指摘され、その後改善されたかどうかを厚生局が確認する必要があると判断した場合は、「再指導」となります。


〈④要監査〉

個別指導によって不正請求が明らかになった場合には、監査が行われます。監査が行われた場合には、その結果に応じて「注意」「戒告」「取り消し」などの処分がされます。この中でも「取り消し」は、保険医療機関または保険医としての指定を取り消すものであり、最大で5年間、保険診療ができなくなります。

個別指導対応

個別指導に直面した際、保険診療のルールの精緻な理解は不可欠です。近年、平均点の高い医療機関（上位8％）が指導対象となる事例が増加しています。自院の請求点数が他の医療機関と比較してどの位置にあるのかは、常時把握しておくことが求められます。特に、自院が過剰請求をしていないかを確認するためには、各都道府県の請求点数の月次の変動や、診療科目ごとの請求点数の情報を定期的にチェックすることが大切です。

数多く個別指導に対応してきた私の知り合いの弁護士さんは、厚生局との見解の相違から診療報酬の自主返還を求められるケースも多いらしいのですが、事前準備・検討をしっかり行えば過度に恐れる必要はないと言っていました。

ただし、1カ月前に地方厚生局から通知が来て、個別指導の約1週間前にカルテ20件を指定され、それに対応することを考えると、日々診療に多忙な院長が、限られた時間内で、その準備や対策を講じることは難しいといえます。その場合は、指導対応に長けている弁護士に、帯同を含め事前相談や対策の立案をご相談されることが有益かと思います。

ブレーンを活用する

開業医の全体最適をかなえられる人材を

今後、クリニックの外部環境が悪化することが予想される中、院長先生のビジネスパートナーとしてブレーンの重要性は増すばかりです。院長先生にとって、どのようなブレーンと巡り会えたかによって、クリニックの命運は大きく左右されると言ってもよいでしょう。

お金や経営に関する身近な相談相手として顧問税理士がいますが、税務の専門家である税理士も、すべての税目に精通しているわけではありません。例えば、相続において必須となる資産税は、かなり高い専門性が要求されることから、一般的な決算や確定申告等の作業が発生するような税務顧問は一切やらず、相続に特化し相続専門として活躍されている税理士が存在しているほどです。

それぐらい税理士には得手不得手があり、千差万別です。

現在、税務会計以外の経営全般（労務、法律関係、不動産登記、許認可業務、集患・増患はコンサルタント）については、各専門家がそれぞれ対応しているのが実状かと思います。さらに、お金に関する相談事は、銀行、証券会社、保険会社、不動産会社の企業系ＦＰが各自の立場でドクターとそれぞれ独立して取引をしているケースがほとんどかと思われます。

こういう状態で、ドクターの多様なニーズに応えられるとは、私は到底思えません。開業医の全体像が見えず、全体最適になっていないからです。

最近、大手の税理士法人では、ワンストップサービスと称して、スタッフの労務問題は社会保険労務士、法律問題は弁護士、保険や資金運用はＦＰと、同一グループ内の専門家同士で連携し組織的に対応している事務所が増えつつありますが、いずれにしても社内、社外問わず、税務、労務、金融、不動産、生命保険の専門家が密に連携し開業医が求めるニーズに対応していくことが望まれます。

欧米では、プライベートバンキングとして「ファミリーオフィス」というサービスが富裕層に浸透しており、顧客が抱える問題に対して税理士や弁護士等の専門家が一つのチームを組成して対応しています。資産家は、資産運用や資産管理をそのファミリーオフィスに委任しています。

国内では、大手の金融機関がプライベートバンキング業務を提供していますが、担当者が異動で交代したり、顧客に金融商品を売りつけたり、また、不動産融資や不動産活用の提案を行ったり、結局、自行の利益優先で顧客の利益の最大化につながっていない点で、欧米のファミリーオフィスとは、サービスの質が決定的に違います。

顧問税理士がゲートキーパーとなるべき

現状で開業医のお金や経営のブレーンの役割を担うのは、顧問税理士が適任かと思います。なぜならば、日々のクリニックの経営の収支やお金の流れを把握しているからです。その税理士がゲートキーパーとして、経営全般に関する相談事に対応してくれることが最適かと感じています。

税務会計以外のことに関しては、問題点を的確に把握し、交通整理ができ、必要に応じて、集患・増患はコンサルタント、法律関係は弁護士、労務関係は社会保険労務士、不動産登記は司法書士、許認可業務は行政書士、資金運用・保険はＦＰやＩＦＡと、それぞれの専門家を紹介して顧客の課題や悩みを解決していくことが理想的です。

まさしく、医療の世界でいう「かかりつけ医制度」のような存在です。

かかりつけ医制度のような仕組みを機能させるためには、地域に根付いていて、顧客と長期の関係を築いている保険営業パーソン、ＦＰ、ＩＦＡがゲートキーパー役の税理士に橋渡しし、顧客の抱えている課題を各専門家と連携し対応していく必要があります。

これまで、弊社はクリニックのＣＦＯとして、その役割を担う取り組みをしてきましたが一定の成果を挙げつつあります。

すでに信頼できるブレーンがついているドクター、ブレーンはいるけど今一つ機能していないケース、それぞれ事情や状況が異なるかと思いますが、もし後者の場合、特にお金や経営面でのホームドクターとしての税理士選びが重要となります。

優秀な税理士は、専門家達とのネットワークも有しているのが通常です。信頼できる税理士を選ぶにあたって、労を惜しまず、慎重には慎重を期して選んでください。

ファッションECサイトZOZOTOWNを運営していた前澤友作前社長には、現在でも食、アート、お金、会計・税務等、各分野別にブレーンが身近にいます。専門家を活用することが人生を生きていくうえで大切だということをわかっているから、そのようにしているのだと思います。

クリニックの出口対策

事業承継の重要性

本書も最後の項目になりました。クリニック経営の長いプランニングにおける、最後の部分、出口対策について述べていきます。

クリニックの出口は、親族承継、第三者承継、廃院の3つしかありません。近年、診療所の廃止、休止施設数が増加傾向にあります。その背景には、現在、クリニックの院長の平均年齢が61歳と高齢化が進んでいること、及びおよそ4分の3のクリニックの後継者がいないということがあると考えられます。

さらに医療機関の経営者は、「医師」という資格条件が求められるという点で、他業界より後継者問題は厳しい状況にあります。現状のまま推移すると、大半の医療機関が地域から消滅していくことが予想されます。

地域住民の生活インフラを支えてきた医療機関が撤退することは、地域医療の崩壊につながりかねません。医業が次の世代に承継され、地域に根差した医療活動が維持されていくことは、その地で開業された院長の責務かと考えます。

地域社会のニーズに応えるためには、正しく事業承継を行う必要があります。長年の経験から正しい事業承継とは、単にクリニックという事業資産を譲ることだけではなく、クリニックで行っている医療サービスを委譲すること、患者さんをあるべき形で引き継ぐことをいいます。

事業承継のために必要なこと

事業承継をするためには、後継者が親族であれ第三者であれ、引き継ぎやすくすることです。

事業継承の双方のメリット

現院長のメリット	後継者のメリット
・ハッピーリタイアメントの財源作り	・開業期の収入面の不安定リスクの低減
・地域医療の責任からの解放	・設備投資資金の節約
・職員の雇用責任の解放	・職員を引き継ぐことで採用リスクの軽減
	・地域医療の承継

承継を考えてから、実現するまでかなりの期間（最低1～3年ぐらい）がかかりますので、早めに決断され準備に取り掛かることが肝要です。第三者承継の場合、以下がポイントとなります。

❶事業承継計画を策定する

いつ頃、誰に承継するのかといった計画を策定します。

❷クリニックのデータを整理する

診療内容、患者さんの情報（性別、年齢、住所、疾患等）。

❸クリニックの業務内容を整理す

る
受付から会計までの業務フローを書き出します。
一人一人スタッフが何をしているのかを書き出し、それぞれ手順と留意点、ノウハウを業務マニュアルとして作成します。

❹営業権を評価する
適切な財務分析を行い、営業権を算出します。

❺目標値を決定する
クリニックの経営状況や課題を分析し、経営改善を行い、クリニックの利益や医業収入を増加させる努力を行い、第三者にとって魅力あるクリニックになる水準まで引きあげる必要があります。

❻信頼できるアドバイザーに相談する
M＆Aや事業承継に詳しい税理士、弁護士等、お付き合いのあるブレーンが望ましいでしょう。

法人化の事例　ある眼科医院の場合

本章のまとめとして、弊社が支援した眼科医院の事例を紹介します。

（状況）

顧客からの紹介でお会いしたテナント開業2年目の眼科医院は、開業当初から医業収入が順調に伸び、税金の支払いが増えてきていることから法人化を検討したいが、顧問税理士が医業に詳しくないということで私どもが相談を受けました。

（顧客のニーズ、課題）

・初年度から個人での所得が多く納税負担が重い。

・分院展開を視野に入れているため、なるべく早く法人化したい。
・将来的には、クリニックとは別に法人を設立しドクターの教育・研修事業や医療法人では行えない事業を行い、地域医療に貢献したい。

（結果）

・当初、医療法人化を検討していましたが、都道府県のスケジュールの関係で法人設立が1年後になってしまう点と、将来的に医療法人では行えない幅広い分野での事業も検討していることから、顧客の要望を満たすために、経営の自由度の高い非営利型一般社団法人を選択しました。
・法人化後のタックスプランニング、ファイナンシャルプランニングを行う必要性があるため、現在の税務顧問契約を解約し、弊社パートナー税理士と顧問契約を締結しました。

（経過）

院長41歳：テナント開業
院長42歳：税理士交代
個人時代の医業収入：1億8000万円↓所得7000万円
　　　　　　　　専従者給与　480万円
院長43歳：一般社団法人設立
　＊非営利型一般社団法人を選択して法人の設立が1年前倒しできたことにより、約1500万円の節税が可能になりました。

さらに、今後の見通しとして、10年間の収入増加を盛り込んだシミュレーションを提示しました（1億8000万円　⇓　3億円：年約6％上昇）。

（法人設立時の役員報酬）

理事長給与：3000万円／年
理事給与：1200万円／年

≪個人診療所≫

	個人診療所		
	院長	奥様	計
収入	7,000	480	7,480
課税所得金額	6,695	299	6,994
所得税・住民税	3,203	50	3,253
社会保険料	110	41	151
合計	3,313	91	3,404
可処分所得	3,208	389	3,597

個人診療所	⇒	医療法人
収入		収入
7,480	⇒	7,480

ケース① 医療法人のみ設立				
	医療法人	理事長	理事	計
利益・給与	3,280	3,000	1,200	7,480
課税所得金額	3,280	2,636	865	6,781
法人税・所得税・住民税	815	1,039	222	2,076
社会保険料		169	140	309
合計	815	1,208	362	2,385
可処分所得（剰余金）	2,465	1,792	838	5,095
		2,630		
≪節税効果≫	ケース①			1,498

ケース② 医療法人のみ設立				
	医療法人	理事長	理事	計
利益・給与	2,680	3,600	1,200	7,480
所得金額	2,680	3,236	865	6,781
法人税・所得税・住民税	614	1,339	222	2,175
社会保険料		169	140	309
合計	614	1,508	362	2,484
可処分所得（剰余金）	2,066	2,092	838	4,996
		2,930		
≪節税効果≫	ケース①			1,399

≪法人利益・役員報酬≫　（ケース①）

	法人	理事長	理事
年額	3,280	3,000	1,200
月額		250	100

≪法人利益・役員報酬≫　（ケース①）

	法人	理事長	理事
年額	2,680	3,600	1,200
月額		300	100

ケース③ 医療法人のみ設立				
	医療法人	理事長	理事	計
利益・給与	2,080	4,200	1,200	7,480
所得金額	2,080	3,808	878	6,766
法人税・所得税・住民税	487	1,639	222	2,348
社会保険料		169	140	309
合計	487	1,808	362	2,657
可処分所得（剰余金）	1,593	2,392	838	4,823
		3,230		
≪節税効果≫	ケース①			1,226

≪法人利益・役員報酬≫　（ケース①）

	法人	理事長	理事
年額	2,080	4,200	1,200
月額		350	100

*1 法人税率を800万円まで15%、800万円以上を23.2%で計算しています。
*2 消費税は考慮しておりません。法人住民税は、計算しております。
*3 給与所得控除・社会保険料控除・を考慮しております。

現状の整理

生活費：年間960万円				
子ども：10歳、8歳、3歳				
住宅ローン：6500万円／返済35年、残り25年（金利1.28%・月192,916円）				
借入金：13000万円／20年返済（金利2%）→法人に引き継ぎ				
既契約：	33歳時	終身保険	3000万円：60歳払い／月約7万円	
	35歳時	養老保険	2000万円・55歳満期／月約8万円	
	38歳時	ドル建て終身保険	3万米ドル・60歳払い	約9万円
	38歳時	個人年金保険	65歳迄	月5万円
	41歳時	収入保障保険	11000万円	月17000円
		終身医療保険	日額1万円	60歳払い／月8000円
	開業時	グループ保険	4000万円	
		所得補償保険	月150万円	

家計の支出がそれほど多くないという点と、患者数は順調に伸びているが1～2年後に分院開設を計画していることから、内部留保を手厚くするために、役員報酬を少し抑えることになりました。

設備投資：10年後　3000万円予定

（個人のライフプラン）

同時に、個人のライフプランも見直しました。状況は上の図のとおりです。

（提案内容）

院長は60歳で引退を考えているため、60歳時に受取可能な退職金のマックス金額を準備できるようプランニングしました。

役員及びスタッフの退職金準備として、
役員：S生命　変額定期保険1億円、年払い150万円
役員、スタッフ：福利厚生制度としてハーフタックスプラン導入
M生命変額有期：70歳払い↓理事長5000万円、理事5000万円
　　　　スタッフ5名加入
合計　年347万円（ハーフタックス）

三大疾病（がん、脳卒中、心筋梗塞）に罹患した場合のリスクに備えて、
N生命重大疾病保険：5000万円、年払い75万円

また、一般社団法人での資金運用は特に制限がないので、個人のみならず法

人での投資信託を提案しました。

アクティブファンド：米国株式、世界株式型ファンドに各50％ずつ

法人の投資信託　年間550万円／運用目標利回り年6％

25年後　204％

個人の投資信託　年間550万円／運用目標利回り年6％

25年後　231％

（既契約の見直し）

既存の契約内容については、以下のように見直しました。

・可処分所得を増やすために個人の支払いが多い積み立て型保険（養老保険、終身保険、ドル建て保険　3本）を払い済み保険に変更

・子供の教育資金の負担が重くなってくる時期に解約予定

・個人年金保険　個人年金保険の保険料控除を受けられる最低保険料の月

1万円迄減額
・終身医療保険は、医療保険の控除（年間4万円）が得られるので個人で継続
・個人債務が法人への移行に伴い収入保障保険は、法人へ名義変更
・グループ保険は、継続
・所得補償保険は、継続

まとめ

法人化のメリットを最大限享受するために行ったことをまとめると、以下のとおりです。

・役員報酬の最適化（所得分散）
・個人保険料の削減（可処分所得の最大化）
・内部留保金を形成するため法人での投資信託の採用
・個人の資産形成（投資信託の採用）

・職員の退職金制度導入（ハーフタックスプランの採用）
・老後資金準備（事業保険を活用した役員退職金制度の導入）

その他

今後、パートナー税理士と打ち合わせしながら、毎年、役員報酬の見直しや個人の可処分所得の最大化及び法人の内部留保対策として、企業型確定拠出年金、出張旅費規程の活用、法人カードでの税金支払い、役員社宅、事前確定届け出給与等、できる限りの対策を順次、講じていく予定です。

＊なお、非営利型一般社団法人に関してですが、診療所は、医師または歯科医師個人もしくは医療法人で開設されるのが一般的ですが、非営利型一般社団法人でも開設できます。一般社団法人は、医師ではなくとも開設でき業務に規制がないので、一般の株式会社と同様に営利事業を行うことができます。

おわりに

10年以上前、保険会社勤務時代に経験したことですが、顧客の医療法人の理事長ががんで亡くなりました。亡くなる直前、理事長が雇用したドクターに院長として医療法人を託したのですが、その2年後、雇用したドクターが開業を画策しているという噂が流れ、調べたところ、近隣で物件を探しているということが判明し、辞めてもらうことにしました。

ところが、後継予定者の長男はまだ研修医で、すぐに法人を引き継ぐことが困難なため、急遽、常勤医師を探さなければならなくなりました。亡くなられた理事長には、生前、大変お世話になっていましたので、その医療法人の医師探しを自ら買って出ました。

その後、候補のドクターとの面談、契約交渉、雇用契約書の作成、クリニックの経営会議への参加等、約1年間、外部から院外事務長としてクリニックを支援しました。

その貴重な経験を通じて感じたことは、クリニックにとっての不測の事態は、いつ何時起きるかわからない、どのクリニックにも起こりえる。もし運悪く起きてしまった時、それを院内、院外問わずサポートできる人材がすべてのクリニックにも必要不可欠ではないかということです。万が一、院長先生が突然不測の事態に陥ってしまった場合、一人ひとりの事情に寄り添い、背景を考慮して臨機応変に対応できる人材がもし身近にいたとしたら、いかに心強いことでしょうか？

この出来事は、一保険会社の担当者としてのポジションでは、クリニックの院長及び、その家族を支援するには、限界があると痛感させられ、私が起業するきっかけとなりました。それから9年、開業医専門ＦＰ事務所の院外ＣＦＯとして活動してきました。

まだまだ課題も多く、成功されている院長先生とお会いすると自分自身の未熟さに気づかされます。

その一方で、支援したクリニックの院長先生から感謝の言葉をいただくたびに、自分のやってきたことは、間違ってはいなかったと、この仕事を続けられる励みにつながっています。

これまで長年にわたり、目の前のドクターと真剣に向き合ってきた結果、一定の成果を上げてきた自負があるものの、ふと考えることがあります。

しかしこの先、あと何年、現役プレーヤーとして先生方とお付き合いできるのだろうか？

私自身、現在の年齢や体力を考えると、仮に10年続けられたとしても、せいぜい数十人の院長先生としかお付き合いできないのが現実です。全国にクリニックが約10万件あり、そのごく少数の院長先生としかお会いすることもできません。

一人でも多く経営に悩んでいる院長先生を支援したいという心の底から沸き起こる感情に対して自分の無力さを感じ自己嫌悪に陥りました。

そこで、これまで経験したことを私と同じような立場で仕事をされている保険営業パーソン、ＦＰにお伝えし、院外ＣＦＯとして活躍をしていただきたいと僭越ながら考えるようになりました。

保険会社時代から現在に至るまで開業医のことをもっと知りたい、何か開業医のためになる情報を得たいという気持ちから保険営業パーソン、ＦＰを対象にした開業医開拓や開業医攻略というテーマのセミナーに惜しげもなくお金をつぎ込み、参加しました。

残念ながら、大半のセミナーは、保険ありきで、どういった保険を開業医に勧めるべきかという小手先の話がほとんどで、私が求めているものは、そこにはありませんでした。

保険営業パーソン、ＦＰが開業医のビジネスパートナー、ブレーンとして、クリニックのライフステージ別に生じる経営課題や資産形成、リスク管理等、ドクターが直面する多様なニーズに対して、包括的な財務戦略の立案や長期にわたり戦略の実行をサポートできる立ち位置にいるにもかかわらず、そのような実務を総合的かつ実践的に勉強できる機会がありません。そのことが、開業医にとってのブレーンが圧倒的に不足している要因の一つになっていると感じています。

保険会社時代、全く契約がとれず、やみくもに営業を続けていく中、たまたま飛び込んだクリニックの院長先生から保険契約をいただくことができました。その時お会いした何人かの先生方との出会いがなければ、現在の私も私の会社も、存在しません。その時の出会いが現在の仕事の原点といっても他なりません。

まだ社会人として、ＦＰとして未熟な自分から契約をしていただいただけではなく、お付き合いしていく過程で、社会人としての心構えや一職業人としてのプロフェッショナリズムとは何たるかということも教えていただきました。大変感謝しております。

私の残りの人生で、これまでお世話になった開業医の先生方に私が唯一恩返しできるとすれば、この本を通じて次の世代のＦＰに私の経験を継承し、そのＦＰの方々の活躍を側面からサポートすることで少しでも医療業界に貢献できると考えています。志を実現するには、まだ遠い道のりですが、生涯かけて取り組んでいく所存です。

出版にあたり、らいむらクリニックの來村先生、はせがわ内科外科クリニックの長谷川先生、横浜わたなべ内科・内視鏡クリニック根岸院の渡邉先生には、多大なご協力をいただきました。

また、この度オンラインサロン（クリニックＣＦＯサロン）を開設します。クリニックに関わる保険営業パーソン、ＦＰ、ＩＦＡ、税理士のためのものですので、ご興味がある方は、弊社ＨＰをご覧ください。

この場を借りて厚く御礼申し上げます。また、本書の中で出典、引用させていただいた関係者の方々、本著に携わってくださった方々に改めて御礼申し上げます。

２０２４年２月　ＤＬＳパートナー株式会社　三橋　泉

［著者略歴］
三橋 泉（みつはし・いずみ）
DLSパートナー株式会社 代表取締役。
1997年の開業から現在に至るまで、「ドクターのためのかかりつけ医」として、ドクターからのあらゆる経営上の相談に多角的な視点からアプローチし、解決策を提案している。これまでに相談を受けた数は2000を超え、開業時から医療法人化までさまざまなフェーズのドクターからの依頼が今も殺到している。

最小《さいしょう》の労力《ろうりょく》で最大《さいだい》の財産《ざいさん》を生《う》み出《だ》す
クリニック経営《けいえい》 4つの原則《げんそく》

2024年2月11日　初版発行

著　者　　三橋 泉

発行者　　小早川幸一郎

発　行　　株式会社クロスメディア・パブリッシング
〒151-0051 東京都渋谷区千駄ヶ谷4-20-3 東栄神宮外苑ビル
https://www.cm-publishing.co.jp
◎本の内容に関するお問い合わせ先：TEL（03）5413-3140／FAX（03）5413-3141

発　売　　株式会社インプレス
〒101-0051 東京都千代田区神田神保町一丁目105番地
◎乱丁本・落丁本などのお問い合わせ先：FAX（03）6837-5023
service@impress.co.jp
※古書店で購入されたものについてはお取り替えできません

印刷・製本　　株式会社シナノ

ISBN978-4-295-40920-5　C2034